GIOVANNI FREGA

LA PUBBLICITÀ SUL WEB

Manuale sull'Analisi Linguistica
del Messaggio nei Banner

Titolo

"LA PUBBLICITÀ SUL WEB"

Autore

Giovanni Frega

Editore

Bruno Editore

Sito internet

www.brunoeditore.it

Sommario

Introduzione

Questo ebook muove da una riflessione sulla comunicazione pubblicitaria on line e delle tecnologie ad essa collegate, riferendosi esplicitamente al paradigma alternativo, in particolare alla codifica e alla ricodifica del discorso mediale.

Questo modello ha origine nella teoria critica, nella semiotica e nell'analisi del discorso, rientrando più nella sfera delle scienze umanistiche che sociali. È legato all'analisi della ricezione, che contesta le metodologie dominanti della ricerca empirica sul pubblico e sul contenuto, perché entrambe trascurano il potere del pubblico di caricare i messaggi di significato.

L'obiettivo di questo lavoro è quello di analizzare l'infinità dei banner presenti in rete, proponendo una tipologia dei tratti invarianti della comunicazione pubblicitaria nel web, al fine di riconoscerne le caratteristiche principali. Da un punto di vista metodologico, vista l'eterogeneità e la relativa ampiezza del materiale oggetto d'indagine, si è preferito utilizzare un "collage" di strumenti e di categorie analitiche. Un approccio semiotico di stampo strutturalista è stato utilizzato per studiare i principali banner, mentre si è privilegiata una prospettiva di marketing per descrivere le caratteristiche della pubblicità nel web.

Gli studi più interessanti finora condotti su internet ci hanno oramai orientato verso una concezione del nuovo mezzo di comunicazione legato a valori di fortissima soggettività. Pensiamo, ad esempio, ai cambiamenti nelle strutture testuali legate all'introduzione delle forme ipertestuali e al conseguente affievolirsi della sensazione di confine fra un testo e l'altro, sostituita dalla percezione sempre più forte di un intreccio complesso di discorsi.

Il processo che abbiamo intrapreso non ci allontana dal vecchio, solido "continente testuale", ma ci porta, piuttosto, verso un agglomerato di discorsi non più pienamente separabili, costruiti per moduli che si aggiungono e si combinano, dove ogni intervento riprende e re-interpreta il discorso degli altri. È dunque all'insegna dell'intersoggettività che si pone il mondo verso il quale stiamo muovendo, ed è questo il senso della mia riflessione iniziale sulla comunicazione pubblicitaria nel web. Più in generale, il contenuto dei mass media è stato spesso considerato dai sociologi una testimonianza più o meno attendibile della cultura e della società in cui si è prodotto. È sotto tale punto di vista che dobbiamo analizzare la pubblicità, nel quadro più ampio del sistema culturale, non comprensibile se lo si riduce al puro aspetto commerciale, ignorando il molteplice intreccio con i tanti livelli della nostra vita sociale.

Uno degli interrogativi che possiamo porci è: *come funziona la pubblicità su internet*? Su internet non si può pensare di imporre un messaggio perché il "modello pull" dà all'utente un'estrema libertà di navigazione: è questi che sceglie cosa guardare e dove andare a prendere le informazioni più interessanti. Tale "visione attiva" condiziona anche l'inserimento della pubblicità sul nuovo medium. Sul www i messaggi promozionali, per essere efficaci, devono assecondare il "modello pull".

La pubblicità on line non è la comunicazione di uno spot imposto al cliente, ma una ricerca facilitata di determinati prodotti che vengono guardati solo se l'informazione che porta ad essi è interessante. Gli esperti del settore affermano che su internet inserzioni "statiche" come quelle presenti sui giornali, oppure spot "emozionali" come quelli visibili in tv, perdono valore. La pubblicità on line deve essere dinamica e interagire con contenuti informativi ben costruiti. È la tendenza che ha portato molte aziende a realizzare i propri siti promozionali utilizzando molta più informazione rispetto ai messaggi pubblicitari veicolati da altri media.

Dalle grandi compagnie come Nike, Sony, Ford, Coca Cola, Invicta (solo per citarne alcune) alle più piccole imprese che possiedono un sito web rappresentativo, l'imperativo categorico è attrarre utenti on line sui prodotti attraverso molta informazione interattiva interessante e facilmente cliccabile. Per convincere un navigatore ad acquistare un libro, servirà a poco mostrare sul web la copertina scintillante ed elegante del volume (come avviene nelle inserzioni sui giornali) ma sarà molto più utile, invece, dare informazioni interattive sul testo. Il concetto può essere esteso ad altri mercati, dall'informatica alle automobili (quale genere commerciale più dell'automobile necessita di informazioni sul prodotto da acquistare?).

Fino a oggi gli spot che hanno ben funzionato sulla rete sono stati quelli che hanno proposto una comunicazione "below the line", in cui il prodotto non compare direttamente, ma viene veicolata l'*idea* del prodotto. Di fatto, si tratta di promozioni e sponsorizzazioni di vendite che vengono effettuate direttamente via web.

Questo tipo di comunicazione farà sorgere sempre più sistemi "redazionali", che parlano di campioni dello sport per pubblicizzare scarpe o indumenti sportivi, di viaggi in paesi esotici per promuovere agenzie di turismo ecc. Opposto al "below the line" c'è il concetto "above the line", cioè il messaggio diretto sul prodotto di tipo tradizionale. La pubblicità su internet diventa, inoltre, più precisa, ma anche più sofisticata e complessa da far funzionare.

L'interattività, un flusso di informazioni bi-direzionali, porta a maggiori dati sul cliente da raggiungere, e quindi il marketing può essere più esatto. Inoltre, sui mezzi digitali gli utenti "lasciano molte tracce". Esiste la possibilità, infatti, attraverso sistemi di verifica dell'uso da parte degli utenti di dispositivi e software (bancomat, carte di credito, siti web) di controllare i percorsi e di elaborare i profili del pubblico con maggior precisione di prima. Chi eroga o vende questi servizi e prodotti può in tal modo facilmente ed efficacemente conoscere il target dei propri messaggi pubblicitari. Nasce, quindi, la pubblicità super-personalizzata, dove ogni utente può essere raggiunto da un differente messaggio.

Le difficoltà iniziano quando occorre interagire con il pubblico da raggiungere. Il web, essendo un personal medium, porta infatti a una frammentazione del mercato e a una proliferazione di nicchie, utenze e target. I messaggi pubblicitari devono, allora, essere ben diversi dall'ambiente broadcast, in cui un messaggio è valido per una sterminata platea di pubblico. L'advertising interattivo è, quindi, l'arte di produrre una serie di informazioni ritagliate sulla base dei profili acquisiti in precedenza per seguire le abitudini dell'utenza.

Dopo questo breve excursus sulle caratteristiche della comunicazione pubblicitaria nel web, passo a una breve rassegna della struttura di questo lavoro.

La prima parte della mia analisi prende in considerazione la *rete internet* come veicolo pubblicitario, studiando le caratteristiche specifiche di questo nuovo mezzo di comunicazione da un punto di vista economico, attraverso un approccio di marketing.

La seconda parte è un tentativo di studio e di classificazione delle caratteristiche dei banner da un punto di vista semiotico. In questa sede saranno analizzate solo alcune forme di banner pubblicitari (attraverso un campione di tipo casuale), cioè forme pubblicitarie presenti nei giornali in rete e nei portali, nelle quali è possibile acquistare uno spazio – qualcosa di simile al tradizionale "modulo" – in cui inserire il proprio logo, un'immagine o uno slogan.

La terza parte prende in considerazione la campagna pubblicitaria in rete dell'Audi A2. Verranno analizzate le caratteristiche tecniche della campagna, i tipi di banner utilizzati e la strategia comunicativa secondo il modello semiotico testuale. In questa parte verrà studiato anche il sito dell'Audi A2 privilegiando un approccio cognitivo, con particolare riferimento al modello flow. Al termine verranno trattate le conclusioni finali.

GIORNO 1:

Come si è evoluto il mondo del web

La nascita della pubblicità interattiva.

Nel 1989 nasce il www come una rete di calcolatori per usi militari che, in un primo momento, permetteva ai (soli) ricercatori di tutto il mondo di comunicare e, successivamente, anche di archiviare dati, funzione, questa, permessa dalla creazione dell'HTML, avvenuta nel 1993.

Questo linguaggio permette alla rete di avere uno sviluppo multimediale, cioè di sfruttare la compresenza su uno stesso supporto (sia esso on line oppure off line) di dati scritti, audio e immagini. Questa tecnologia, congiuntamente all'affidamento ai privati dei servizi della rete, e quindi la nascita della possibilità di sfruttamento commerciale della rete stessa, permette di pubblicare home page che possono essere lette da un qualsiasi altro utente della rete. Questo è il punto di partenza per il suo successivo sviluppo, che ha portato la "ragnatela" a essere un mezzo di comunicazione di massa. Ciò che caratterizza da subito questo "intreccio" di computer è la sua crescita vertiginosa: dai quattro nodi originari del 1969 si è passati ai nove milioni nel 1996, secondo la Nielsen Media Research.

Nel 1994 sono state contati ben tre milioni di home page, e questo numero cresce molto velocemente dando luogo a un immenso archivio che integra informazioni, immagini, entertainment e pubblicità. Le aziende non tardano a rendersi conto della facilità di pubblicare un catalogo in rete e della vastità di potenziali clienti che queste informazioni possono raggiungere. Stime più o meno attendibili parlano di decine di milioni di utenti.

A dispetto dei cinquantacinque anni impiegati dall'automobile per arrivare in cinquanta milioni di famiglie, dei trentacinque del telefono, dei ventidue della radio, dei ventisei della tv e dei tredici del telefono cellulare, internet ne ha impiegati solo quattro, una quantità di tempo che, anche considerando le diverse condizioni socio-economiche per le varie invenzioni, costituisce comunque un dato rilevante.

Uno user può così raggiungere milioni di persone avendo anche la possibilità di inventare nuove forme di comunicazione come, per esempio, la chat (IRC: Internet Relay Chat). Tutto ciò è «una sorta di enciclopedia dal vivo che supera di gran lunga le possibilità della stampa» (già sul sito http://www.poli.studenti.to.it). Da questa affermazione traspare il mito della creazione della biblioteca del sapere dell'umanità.

Quest'immensa rete di computer, visto il numero di persone che può raggiungere, non può non essere sfruttata a fini commerciali. L'avvento di questo nuovo medium, però, mette in discussione le regole della pubblicità così come erano state formulate per la tv, la radio, la carta stampata.

SEGRETO n. 1: in rete un messaggio pubblicitario non ha soltanto la funzione comunicativa, ma ha la possibilità di permettere una compravendita immediata, soltanto muovendo opportunamente il mouse.

Un esempio è dato da questo banner, tratto dal sito www.libero.it:

Questo ha portato alla nascita e allo sviluppo di siti di vendita on line, che mettono a disposizione cataloghi delle merci più svariate (dischi, libri, automobili, abbigliamento ecc.), i quali hanno ottenuto e stanno ottenendo buoni successi commerciali. Il web, in secondo luogo, rende il pubblicitario, o una qualsiasi azienda, un semplice cittadino di una metropoli senza particolari punti di vantaggio, in cui però gli altri abitanti sono molto curiosi e tendenzialmente socievoli.

Il problema è che su internet non ci si può imporre, come invece avviene sui media tradizionali; è l'utente che sceglie quali informazioni cercare e acquisire: questi non è più un individuo passivamente bombardato dalla pubblicità mentre la sua attenzione è concentrata sul medium per motivi estranei alla pubblicità stessa, bensì è un personaggio attivo che va convinto con dei metodi di ancoraggio emozionale a lui dedicati. (C. Ottaviano, *La Pubblicità su Internet*, prima accessibile dal sito web: http://www.poli.studenti.to.it).

Inoltre, il linguaggio ipertestuale permette al cliente di scegliere un opportuno percorso all'interno del sito, e questo è un passo fondamentale dello sviluppo tecnologico. Il navigatore va attirato nel sito offrendogli innanzitutto un servizio (l'informazione sul prodotto) e quindi, siccome attraverso gli ipertesti si può creare un percorso a scelta multipla, per mezzo delle scelte fatte, si può comprendere chi è il navigatore, costruire un messaggio su misura per lui e offrigli così la possibilità di instaurare un "rapporto" con l'azienda.

In altri termini, attraverso l'osservazione delle scelte e dei comportamenti, si fa una classificazione e si adegua il messaggio che si sta divulgando all'utente, ottenendo preziose informazioni su di lui e sulle sue preferenze. La pubblicità su internet dovrà quindi mostrarsi attenta a ciò che il cibernauta mostra di desiderare, tenendosi pronta a cambiare per seguire le esigenze del visitatore.

SEGRETO n. 2: agevolando la pubblicazione, il www tende a rafforzare la funzione informativa su quella comunicativa.

La pubblicità allora non sarà sfruttata dalle aziende soltanto per provocare particolari emozioni nel cliente al fine di indurlo a un consumo, più o meno lontano nel tempo, di un eventuale bene, bensì sarà portata anche a fornire informazioni sui prodotti, più di quanto non facesse nei media tradizionali. Questo significa che essa occuperà molto spazio per fornire caratteristiche tecniche che il compratore confronterà tra i vari siti delle varie aziende. «Potrebbe nascere anche un canale dedicato alla pubblicità» (http://www.poli.studenti.to.it) ritiene Francesco Siliato (giornalista professionista, studioso di comunicazione di massa e di pubblicità; http://www.poli.studenti.to.it), per enfatizzare il crescente spazio della valenza informativa che l'advertising sta assumendo.

SEGRETO n. 3: nel ciberspazio diventa fondamentale saper vendere l'informazione prima ancora del prodotto stesso.

Questa pubblicità diventa pertanto *interattiva*, caratterizzata in definitiva da:

- immediatezza della risposta;

- assenza di privilegi;

- interazione con le aspettative del cliente;

- vendita di informazioni.

I classici metodi di ancoraggio emozionale vanno riconsiderati; la pubblicità deve essere ora:

- *interessante*, per attirare i naviganti e rendere la navigazione nel sito utile e piacevole, fornendo giochi, screen saver, chat line (ad esempio: www.deejay.it);

- *rinnovata*, perché se da un lato agli internauti piace visitare siti in continua evoluzione, dalla veste grafica sempre nuova, d'altro canto si deve anche tenere conto sia delle aspettative di chi ha già visitato il sito e ha dimostrato interesse, sia di eventuali previsioni su nuove categorie di visitatori che, in base a particolari situazioni (campagne pubblicitarie, sbarco dell'azienda in nuove regioni del globo ecc.), ci si aspetta di ricevere.

SEGRETO n. 4: la pubblicità deve essere interessante, innovativa e rinnovata, poiché l'utente avrà il potere di guardarla o meno.

Un esempio è dato dal banner Infiniti EX37, relativo alla coupè crossover, già visibile su www.virgilio.it, in cui il susseguirsi di immagini relative agli interni dell'autovettura invita l'utente a esplorare tale prodotto:

Immagine tratta da www.virgilio.it.

In definitiva si può sfruttare la disponibilità di un mezzo *omogeneo*, che ha la capacità di portare nello stesso luogo virtuale promozione pubblicitaria e trattativa commerciale, sviluppando però nuovi comportamenti di vendita e d'acquisto. Tutte queste complicazioni tecnologiche e sociologiche hanno come punto d'arrivo una considerazione che, se sembra di secondaria importanza in riferimento allo sviluppo strategico delle aziende, ha una valenza più delicata in relazione alla scelta dei semplici cittadini: la rete è una scelta necessaria, non solo per coloro che hanno un prodotto da vendere, ma anche per quelli che cercano informazioni di vario genere. Questo significa che coloro che non hanno un accesso a internet possono avere degli svantaggi, e questo significa generare un pressione sociale sull'individuo "isolato".

Un esempio delle potenzialità del web è fornito dal gioco di realtà virtuale *The Rift*. Questo gioco, interamente in rete, consisteva nel dare la caccia a un assassino virtuale che si aggirava in un mondo, altrettanto virtuale, costruito appositamente per questo scopo. Il fine ultimo del gioco era di pubblicizzare una nuova stazione di lavoro della Silicon Graphics, tanto che una di queste era offerta in premio a chi avesse individuato per primo l'assassino. Per risolvere l'enigma si sono formate vere associazioni di internauti e sono nati appositi siti per raccogliere informazioni, tant'è che la soluzione è stata individuata da cinque studenti universitari. Si è quindi creato un vero e proprio fenomeno di costume all'interno della rete, con echi anche all'esterno.

Come risponde il mercato

Una breve parentesi ci permette di capire perché lo sfruttamento per fini commerciali della rete è diventato così importante: garantire una prestazione temporalmente durevole di buona pubblicità di un prodotto che soddisfa le aspettative del cliente significa creare un prodotto di marca. Il www rende implicita la necessità di «riuscire a conquistare una posizione di primaria importanza all'interno dei siti più visitati di internet. È strategicamente vitale per un qualunque sito di commerce che voglia raggiungere risultati importanti [...]. È chiaro che una strategia che consenta di bloccare possibilmente in modo esclusivo le principali posizioni di forte traffico su internet consente a un on line vendor di raggiungere velocemente una posizione di leadership nel proprio settore difficilmente attaccabile in futuro» (fonte reperibile al seguente sito web: http://www.apogeonline.com/webzine/1998/05/04/01/199805040 102).

Ecco allora che, sebbene la pubblicità su internet rappresenti ancora una piccola parte del mercato pubblicitario complessivo, non possono essere trascurati i milioni di utenti che passano molte ore davanti al computer. Per il mercato italiano, la nascita degli investimenti pubblicitari è dovuta a tre importanti avvenimenti:

- l'arrivo sul mercato nazionale di grandi operatori esteri come Yahoo, Excite, DoubleClick e Lycos, che si propongono come porta d'ingresso dei navigatori per accedere a un numero molto grande d'informazioni, e che quindi catalizzano gli investimenti pubblicitari;
- la crescita della spesa per la creazione di servizi e pagine sul web;
- la crescita dell'utenza (l'università Bocconi di Milano ha stimato in due milioni e seicentomila gli italiani collegati a internet: http://www.privacy.it/audiweb.html).

È importante notare che dal 1998 le aziende prevedono un "budget internet", cosa che non esisteva nel 1997. La crescita degli stanziamenti ha condizionato la definizione di standard comuni per la rilevazione e la certificazione del traffico on line.

Sviluppare una presenza significativa su internet vuol dire anche comprendere le nuove esigenze organizzative e sostenere i nuovi stili e strumenti di comunicazione che sono necessari per sfruttare adeguatamente il media digitale. La sua penetrazione nel mercato impone all'azienda l'apertura di nuovi canali commerciali e di imparare nuove logiche, sostituendo la cultura dell'immagine con la credibilità. Ciò servirà a creare un progetto di qualità e a ottenere quindi il successo commerciale.

Sta nascendo, cioè, l'*identità digitale* di una azienda. Internet però non sostituirà la tv in pochi anni: è un mezzo nuovo a cui la strategia pubblicitaria deve adattarsi. Si calcola che entro i prossimi cinque anni, a livello europeo, la spesa per servizi e informazione on line sarà uguale a quanto i consumatori pagano per la tv o a quanto spenderanno per prodotti multimediali off line. A differenza delle tv, per esempio, la rete permette un approccio più selezionato del potenziale cliente. Per adattarsi a queste nuove esigenze sono stati coniati dalle agenzie pubblicitarie termini e unità di misura quali:

- *banner*, che è un cartellone pubblicitario. Quando l'utente clicca su un collegamento a una pagina interna o anche quando accede all'home page di un sito, il browser apre una nuova finestra, generalmente di piccole dimensioni; la popup si sovrappone alla finestra della destinazione scelta e mostra informazioni navigabili su un determinato prodotto o azienda. In altri termini: tra due blocchi contigui di informazioni viene inserito un break pubblicitario;

SEGRETO n. 5: il banner ha la duplice funzione di creare notorietà al marchio e di portare l'utente al sito dell'azienda; di per sé ha un valore informativo piuttosto limitato.

- *impressioni* (*impression*), termine che indica il numero di accessi ai siti (visite);
- *visitatori*, che indica le singole persone che hanno preso contatto con il sito;

CPM (*Cost Per Market*), che determina il prezzo per un banner esposto mille volte. Quest'unità di misura è molto usata dalle agenzie pubblicitarie. Per esempio: se un banner esposto 500.000 volte costa 5000 euro, il CPM è pari a 10 euro; i problemi nascono quando un sito ha pochi visitatori e il posizionamento costa molto (alto cost, basso market);

- *click-through*, che indica l'azione di un utente che clicca su un banner, cioè il numero di utenti che vista effettivamente il link pubblicitario; alcuni siti stabiliscono il prezzo di un banner in base a quanto rende, cioè in base a quante persone cliccano su un banner rispetto a quante lo hanno visto: questa è la *percentuale di click-through* ottenuta da un banner;

- *click-stream*, ossia il totale di pagine vistate dall'utente nel sito raggiunto grazie al banner. Per esempio: se ho ricevuto dieci visite grazie al banner e questi dieci utenti hanno visitato un totale di centocinquanta pagine, allora ho un *click-stream* (medio) di 15/1 (quindici pagine a persona);

- *flat fee*, che è il posizionamento di un banner svincolando il prezzo da qualsiasi calcolo di impressioni o di audience, tenendo conto solo dei giorni di permanenza nel sito; questo tipo di tariffa è usato dai siti nuovi che non hanno ancora dati sufficienti per applicare il CPM. È usato nei siti under construction: invece di far entrare l'utente in un sito ancora inutilizzabile, il banner lo fa andare in una sorta di sito d'attesa, dove vengono proposti i servizi che saranno resi disponibili nel sito finito e dove si può piazzare della pubblicità. Netscape, ad esempio, voleva permettere ai propri utenti di fare delle ricerche, oltre che con il proprio motore di ricerca, anche con Excite, che ha pagato cinque milioni di dollari di flat fee per tutto il 1996 per avere il proprio pulsante sul sito della Netscape. In Italia *Il Sole 24Ore* vende pubblicità di questo tipo.

Una statistica della Forrest Research di Boston riporta le scelte delle unità di misura da parte dei web advertiser statunitensi:

- CPM: 15%;
- Cost Per Buyer: 23%;
- altri metodi: 33%.

Queste cifre evidenziano una certa indecisione su quale parametro utilizzare. Un esperto di marketing on line, Steve O'Keefe, dice:

«Per ora siamo in un mercato che non ha ancora deciso. Per ora la strada è quella della flessibilità.»

Come scegliere il posizionamento

Il *posizionamento* è l'azione di inserire pubblicità in un determinato sito, da scegliere in base al target che si vuole colpire, al budget che si ha a disposizione, alle strategie di marketing ecc.

Essendo internet un ambiente ipermediale in cui la comunicazione avviene in modo multilaterale e interattivo, il fattore più importante nella comunicazione su questo medium è il contenuto informativo: è questo infatti che attira l'utente in un determinato sito web.

SEGRETO n. 6: è il contenuto che agisce da selettore nei confronti dell'interesse dei navigatori, e che finisce per identificare categorie di persone caratterizzate da interessi comuni o da particolari atteggiamenti nei confronti di particolari tematiche; da qui la necessità di *posizionare* in modo adeguato il messaggio pubblicitario.

Indipendentemente dal medium che si considera, comunque una campagna pubblicitaria basata sulla segmentazione del mercato deve avere come presupposto l'analisi dell'accessibilità dei settori selezionati alle iniziative di marketing che l'azienda vuole intraprendere. Nel caso di internet i principali segmenti di mercato vengono a oggi identificati dagli stessi network che vendono spazi banner, e risulta in questo modo abbastanza agevole per un'azienda scegliere di posizionare i propri moduli nell'area adatta, decidendo se adottare impressioni che appaiono casualmente o se restringere il target da colpire identificando opportune categorie.

Un'interessante statistica permette di verificare l'attuale distribuzione degli investimenti nei vari generi di siti:

- motori di ricerca = 40%;
- computer = 18%;
- servizi = 14%;
- news = 12%;
- interesse generale = 8%;
- sport + uomini = 4%;
- altri specifici = 4%.

(fonte: Jupiter Communications)

Ecco una focalizzazione sui vari generi di siti e di servizi:

- *motori di ricerca*: sono i siti che godono degli investimenti più alti e suddividono le tariffe in base a tre diversi tipi di pubblicità offerta;

- *general rotation*: il banner appare casualmente durante la visita nel sito. Ha un CPM che varia tra i 15 e i 25$ (24$ per Excite);

- *run of category*: il banner appare solo in una categoria a scelta del cliente: sport, cinema, musica… Il target è più preciso e il CPM aumenta e varia tra i 20 e i 30$ (30$ per Excite). Yahoo propone un CPM di 20$ per un minimo di 500.000 impressioni, il che significa 9000 euro circa per una giornata di campagna pubblicitaria;

- *key word targeting*: è il sistema più efficace e costoso. Il banner viene fatto apparire quando l'utente digita la key word (parola chiave) comprata dall'azienda che promuove la campagna pubblicitaria nella casella del motore di ricerca. Se, per esempio digito la parola *ski* appariranno delle inserzioni relative a stazioni sciistiche, marche di sci, scarponi, abbigliamento da sci… Il CPM varia da 60 a 100$ in funzione di quanti clienti hanno comprato la key word (60$ per Excite);

- *content sites:* sono quei siti dedicati a interessi specifici: sport, musica, auto… Hanno un pubblico già selezionato, un CPM compreso tra i 20 e i 35$, ma costano di più perché l'esposizione deve essere più lunga già da contratto. ESPN vende un pacchetto di 1,5 milioni di impressioni al mese a 100.000$ per un periodo minimo di tre mesi;

- *advertising network*: sono siti dove il cliente può acquistare un pacchetto di impressioni che vengono distribuite sui siti che compongono il network. DoubleClick, per esempio, vende pacchetti su dodici siti scelti per categorie dal cliente con un CPM di 30/60$ a seconda del targeting richiesto.

L'efficacia dei banner

Da alcuni studi risulta che la pubblicità su internet non solo viene ricordata, ma addirittura migliora la percezione della marca da parte del consumatore e la sua propensione all'acquisto. Al crescere del numero delle impressioni cui un utente viene sottoposto, però, decresce la sua propensione a cliccare sul banner per accedere al sito proprietario: dopo la terza impressione il tasso di click-through rilevato scende al di sotto dell'1%, stabilizzandosi dopo l'ottava intorno allo 0,9.

Inoltre, stando ai dati di Advertising Age/Market Facts (secondo la stessa fonte), il 10,1% degli utenti presta sempre attenzione ai banner, il 45,5% li osserva spesso, mentre il restante 44,4% non li guarda mai o raramente: quindi la maggior parte degli utenti, quella che risulta prestare maggior attenzione ai banner, effettua il click-through prevalentemente quando vede il banner per la prima volta, non tanto nelle successive.

Comunque un tasso di risposta dello 0,86% alla nona esposizione è più elevato di una corrispondente inserzione sulla carta stampata, che ha un tasso di risposta dello 0,15%. La stessa ricerca sostiene che:

SEGRETO n. 7: i tassi di click-through possono essere significativamente più elevati qualora i banner vengano posti in punti strategici dello schermo, ossia vicino alla toolbar o in zone centrali.

Infatti, un altro studio rileva che gli occhi del navigatore che visita la pagina seguono un determinato percorso: la maggior parte delle persone inizia la visione della pagina partendo dall'angolo in alto a sinistra dello schermo; questa zona viene chiamata da L. Braitman *first read*, ed è qui che generalmente viene collocato il logo dell'azienda. Da questa si passa alla *second read*, posta immediatamente alla destra della precedente: ed è qui che generalmente vengono collocati i tools per la navigazione del sito. Il contenuto vero e proprio si trova più in basso, nella *fourth read*; per raggiungerlo l'occhio dell'utente passa attraverso la *third read position zone,* in cui nella maggior parte dei casi vengono messi i banner.

Ritenere comunque che i banner siano sempre efficaci è una affermazione avventata, considerando sia l'incertezza di cui è afflitta la misurazione di dati in rete, sia altre considerazioni quali la constatazione che i banner sciupino banda, che ci potrebbero portare lontano da dove vogliamo arrivare; senza contare che studi recenti dimostrano che, in alcuni casi, i tassi di click-through sono dimezzati rispetto a un anno fa.

David Strom scrive sul *Chicago Tribune*: «Se i banner moriranno, dove andranno a finire tutti quei soldi? Potremmo investirli nel sostenere siti di migliore qualità.» Un recente studio di Nielsen//NetRatings, sempre secondo la stessa fonte, sostiene in ogni modo che i banner aumentano in modo significativo la conoscenza di un prodotto, indipendentemente dalla percentuale di click through.

Qual è il futuro dei banner, allora? Dare risposte anticipate è, come sempre, del tutto azzardato. Si può soltanto sottolineare la diversa valenza che in rete è necessario dare: *attenzione*, cosa che la pubblicità tradizionale non sa fare. Il banner, usando una metafora di Strom, è un segnale stradale che suggerisce una strada; il vero lavoro di marketing va fatto nel sito, dove si ottiene l'attenzione del cliente, offrendogli informazioni rilevanti e possibilmente sempre aggiornate, dove non si deve essere decorativi ma, volenti o nolenti, serve soprattutto essere utili.

Come verificare l'efficacia del web ad

Se è vero che stanno crescendo gli investimenti della pubblicità su internet, è anche vero che le aziende prima di investire vogliono sapere non solo l'audience di un sito ma anche il profilo del navigatore-tipo che sfoglia le pagine web. Ma come si fa a misurare l'efficacia del web ad? La domanda è facile da formulare ma la risposta non è ancora stata definitivamente data. Eppure il bisogno di risposta c'è, vista la rapida crescita degli investimenti delle aziende, non solo italiane, ma anche straniere: le multinazionali, infatti, localizzano sempre più le strategie di marketing dall'estero, includendo nei piani anche internet.

In Italia sembra essersi aperto un bivio: lasciare che la rete percorra la propria strada o trattare internet come gli altri media e applicarvi gli stessi parametri? Sulla prima alternativa si stanno sviluppando gli advertising server, mentre sulla seconda via si è avviata Audiweb.

Advertising server

Questi si sono affermati negli Stati Uniti e sono software che rilevano il numero di navigatori che guardano il banner pubblicato sulle pagine dei siti ospitanti. Essi riescono a contare sia i click-through, sia le pagine scaricate dal sito su cui il banner si trova (impressioni). Questo conteggio può essere messo immediatamente a disposizione del cliente: l'ad server, infatti, assegna al cliente una password e l'azienda può controllare nel dettaglio il traffico che, attraverso il banner, arriva nel proprio sito in qualsiasi momento e può valutare se la campagna sta avendo successo o meno, permettendo così eventuali correzioni.

Cristina Fachinelli ritiene che quello degli ad server «è il sistema in assoluto migliore perché non è praticamente possibile manomettere i dati [...] (*il cliente*, n.d.A.) può intervenire su di essa (*e cioè: la campagna pubblicitaria*, n.d.A.), aggiornarla e modificarla, in corso d'opera.»

Uno degli ad server americani operanti in Italia è la DoubleClick, che adotta una tecnologia propria: la DART (Dynamic Advertising Reporting and Targeting). Nicola Silvestri, già responsabile di DoubleClick Italia, afferma: «Noi offriamo ai nostri clienti la possibilità di seguire le campagne in tempo reale e interagire con esse. Siamo fra l'altro in grado di personalizzare l'informazione pubblicitaria a seconda del target.» Chi garantisce, però, che un ad server dica il vero? «Nessuno in particolare» afferma Giancarlo Mola «solo il mercato, perché se questi produttori di software falsificassero le statistiche sarebbero tagliati fuori e questo non conviene.»

Audiweb

È questo un consorzio che, come il nome permette di intuire, cerca di applicare alla rete i concetti Auditel della tv o quelli Audiradio della radio. Dice Felice Lioy, già presidente di Audiweb: «Audiweb nasce per colmare una vistosa carenza. Infatti fino a quando le aziende non avranno una idea precisa dei contatti procurati da internet, e una visione netta del target che questo importante media è in grado di raggiungere, non sarà facile decidere gli investimenti pubblicitari». I dati sono presi da un articolo di Gabriele di Matteo del 1998, pubblicato a questo link: http://www.privacy.it/audiweb.html, da cui sono tratte anche le osservazioni che seguono.

Gli otto soci fondatori di Audiweb, che raggruppano mille aziende (quelle che utilizzano il mercato internet), sono quattro associazioni di editori di siti (Fcp, per le concessioni pubblicitarie; Anee, per l'editoria elettronica; Aipi, provider di internet e CommercNet) e quattro associazioni degli utenti pubblicitari (UPA, AssAP, Assomedia e Assodirect). La UPA (Utenti Pubblicità Associati) è l'associazione delle aziende utenti di pubblicità che ha consorziato le società interessate alla presenza on line e i provider, procurando un forte contributo alla nascita del consorzio. L'Audiweb dovrebbe diventare il misuratore ufficiale del traffico in rete e questa mossa dell'UPA sembra volta a sgombrare il campo dalle ricerche spontanee, ma non ufficiali. Lioy sostiene: «In un primo momento la nostra attività sarà di certificare a livello quantitativo il traffico su internet. Poi in un secondo momento si passerà a capire chi e che cosa si cerca sul web». Si cercherà insomma di stabilire quanti sono i visitatori di un sito e di tracciarne un profilo, incrementando sicuramente in modo rapido gli stanziamenti pubblicitari italiani sul web.

Audiweb lavora applicando dei contatori ai server dei siti e sui computer di un campione di utenti; sulla base di questi dati e di questi studi gli inserzionisti si orientano per scegliere i siti sui quali piazzare i propri banner. Sempre a proposito delle modalità di lavoro di Audiweb, Lioy sosteneva nell'intervista sopra citata: «All'inizio è prevista la volontarietà: chi vuole potrà dare i suoi dati, ma questa non è il tipo di indagine ideale, è una tecnica autoreferenziale, mentre noi vogliamo conoscere gli utilizzatori in modo oggettivo.» Per quanto riguarda il numero di naviganti: «In proposito vi sono due soluzioni: sapere chi sono tutti – è molto complesso ma si può fare – oppure selezionare un campione.». Per quanto riguarda l'analisi di particolari categorie, esse verranno interpellate direttamente, adottando una ricerca user centered e non site centered.

È anche nato lo IAB Italia (Interactive Advertising Bureau) con l'obiettivo di divenire garante e promotore di una nuova cultura di mercato. Internet infatti rappresenta il primo vero contesto in cui il tema della globalizzazione interessa direttamente anche il mondo della pubblicità. Lo IAB si propone quindi di stilare uno standard comune per la rilevazione del traffico web.

Infatti non sempre un maggior numero di pagine scaricate significa un maggior numero di utenti: per un motore di ricerca, ad esempio, una volta fatta la ricerca, il visitatore scappa su un altro sito dopo aver scaricato soltanto un paio di pagine; diverso il discorso per un sito di informazione, che può contare su un minor numero di visitatori ma su un più alto numero di pagine scaricate. Tutti concordano nell'affermare l'utilità di Audiweb, ma pochi ritengono che possa sostituire il sistema degli ad server.

Silvia Valigi, all'epoca responsabile del marketing operativo della pubblicità Rcs, affermava in un'intervista pubblicata nel 1998: «Gruppi come il nostro hanno un 30% di utenza all'estero di cui perderemmo completamente il controllo se ci affidassimo completamente ad Audiweb.» La logica di lavoro di questo consorzio, infatti, è simile a quella usata per la rilevazione dell'audience televisiva: si sceglie un campione di utenti internet e con un dispositivo hardware applicato al computer si effettua un monitoraggio della loro navigazione; sulla base di esso si forniscono infine i dati sulle pagine web più visitate.

Ma le rilevazioni a campione mostrano evidenti limiti: non considerano chi naviga dal luogo dove lavora o studia, in quanto i campioni vengono normalmente scelti tra le famiglie; ma, soprattutto, sono misurazioni su scala nazionale e si lasciano così sfuggire l'essenza della rete e cioè la sua globalità. «I due sistemi (ad server e Audiweb)», dice nello stesso articolo Dario Dal

Zotto, amministratore delegato della Publikompass, «sono complementari, perché da un lato si deve mettere il cliente nelle condizioni di valutare per conto proprio l'andamento della campagna, dall'altro è utile conoscere con precisione le cifre dei maggiori siti italiani e le abitudini degli utenti

Nuove tecnologie

La faccenda poi è complicata dalla nascita dei *proxy server*: si tratta di una tecnologia che rende più rapida la navigazione. Mentre un utente scarica una pagina, questa viene catturata dal suo provider che la mette a disposizione di tutti i suoi clienti. In questo modo quelli che si connettono successivamente a quel sito vedono la stessa pagina scaricata dal primo, ma non vengono conteggiati come nuovi visitatori.

Per verificare l'efficacia dell'on line ad e spingere i cibernauti allo scoperto, i pubblicitari americani hanno inventato il *coupon*: cliccando sul banner è possibile, dopo aver inserito dei dati personali, scaricare e stampare un tagliando grazie al quale ottenere, in un negozio fisico, uno sconto promozionale. Se per ora questo è un fenomeno contenuto, secondo Forrester Research è una tecnica destinata a sicuro successo: i banner con coupon realizzano già il 20% di click-through contro il 2% dei normali banner. Vi sono però delle controindicazioni, osservano alla Forrester: il coupon da un lato diminuisce la fedeltà di marca, perché i consumatori aspettano l'offerta dell'ultimo minuto, e dall'altro lato può essere manipolato digitalmente per aumentarne il valore. Inoltre, in un'inchiesta risulta che gli utilizzatori ricordano di più le grandi inserzioni.

Ecco allora che vengono inventati gli *interstiziali*: sono annunci che riempiono l'intero schermo del computer in attesa che si scarichi la pagina obiettivo del collegamento.

SEGRETO n. 8: il messaggio degli interstiziali viene memorizzato nel 33% dei casi, a fronte del 13% di "bannerini" normali; è facile quindi prevedere per essi un ampio successo.

Questi però occupano molta banda e sono anche molto intrusivi, e questo potrebbe non piacere ai visitatori.

La regolamentazione

Un altro problema da affrontare è quello di una possibile regolamentazione delle forme di pubblicità su internet. Come si legge in un'intervista effettuata nel 1996, Luigi Carlo Ubertazzi, studioso di diritto industriale, aveva delle opinioni precise in merito: «Credo che i tre grandi gruppi di norme che riguardano la pubblicità su internet siano in questo momento: il sistema della autodisciplina pubblicitaria, una normativa statale emanata in attuazione di una direttiva comunitaria sulla pubblicità ingannevole e la norma generale italiana sulla concorrenza sleale. Le prime due sono le più applicate.»

Il sistema di autodisciplina pubblicitario ha come punti fondamentali quello del divieto della pubblicità ingannevole. «Io credo», proseguiva Ubertazzi «che questa disciplina sia giusta, sufficiente a capire ampi spazi della pubblicità che circola su internet; il problema che può manifestarsi in questo settore è quello dell'*inforcement*, di come si farà a dare esecuzione coattiva sulla pubblicità ingiusta, illegittima perché inganna il consumatore [...]. In particolare su internet i problemi dell'esecuzione coattiva di ordini e di esistenza della pubblicità illecita possono essere più difficili perché i punti di possibile diffusione del messaggio sono più capillarmente diffusi.»

I vantaggi del web ad

I vantaggi di internet per un'azienda che voglia sfruttarlo a fini commerciali sono di tipo economico e produttivo. In primo luogo tv, radio, stampa, manifesti, pur essendo mezzi molto potenti, consentono solo di raggiungere alcuni degli obiettivi prefissati a costi molto alti e quindi non accessibili alle piccole e medie aziende.

SEGRETO n. 9: la pubblicità su internet è molto conveniente perché:

- **il costo non cambia se la pubblicità è rivolta alla città dove si abita oppure al mondo intero;**
- **non servono manifesti, pellicole o altro materiale che l'azienda solitamente non utilizza per la sua normale attività;**
- **con l'ausilio di materiale tecnologico a costi contenuti (fotocamera digitale, scanner, webcam ecc.) è possibile ottenere ottimi risultati;**

- **questo mezzo può raggiungere il mondo intero, 24 ore su 24, 365 giorni l'anno;**
- **essere presenti su internet significa dare la netta impressione che si sta usufruendo delle più moderne tecnologie;**
- **le pagine web possono essere aggiornate in qualsiasi momento.**

Da un punto di vista produttivo, internet risulta particolarmente vantaggioso per le piccole aziende che si rivolgono a un mercato di nicchia. Margoni, a questo proposito sostiene che il web «sia interessante non per i prodotti di massa ma per quei prodotti o servizi che si rivolgono a persone con interessi specifici, che possono essere poche in un ristretto ambito geografico, ma molte su scala planetaria.»

Herman Zampariolo è della stessa opinione: «Il problema di oggi consiste nella omologazione dei prodotti. [...] Diventerà possibile anche differenziare moltissimo un prodotto, perché l'innovazione tecnologica sta consigliando produzioni di piccola serie. Il più antico prodotto di piccola serie è la pizza, dove la genialità del pizzaiolo era di avere a disposizione tutte le componenti e poi, sulla base della domanda, di ricomporre in tempi rapidi prodotto personalizzato.»

Anche Dario Dal Zotto sostiene questa argomentazione: «La democraticità di questo mezzo premierà soprattutto le piccole e medie aziende, indipendentemente dal settore merceologico cui appartengono, che con piccoli investimenti pubblicitari, potranno ottenere eccellenti risultati, sempre a patto che […] si comprenda la sua specificità e il giusto approccio che esso richiede in relazione al messaggio pubblicitario.»

Ancora: Glover T. Ferguson, in un'intervista del 1997 illustrava questo concetto facendo riferimento a una nota marca d'abbigliamento: «La rete non rimpiazza la vecchia realtà, bensì l'amplifica. Esiste l'applicazione della Levi's, dove è possibile prendere le misure del cliente in un negozio, inserirle in un computer, e creare un jeans su misura. In questo modo si verificano due aspetti contemporaneamente. L'azienda ottiene una rappresentazione reale del cliente oltre a quella virtuale, con un prodotto personalizzato cliente per cliente» (fonte:

http://www.mediamente.rai.it/home/bibliote/intervis/f/ferguson.ht
m).

Un altro esempio concreto che esprime le potenzialità del commercio in rete è fornito da quello che per certi versi è un paradosso. La Dave Smith Motors, che è una piccola concessionaria Dodge di Kellog, un paesino sperduto nelle Montagne Rocciose, di tremila abitanti, grazie a internet vende circa quattromila auto l'anno. E i clienti arrivano da ogni angolo degli Stati Uniti per ritirare una macchina comprata con sconti «davvero eccezionali», come si legge sul sito.

Comparando internet agli altri media si tende a dimenticare che il teletext presenta delle caratteristiche simili alla rete: interattività (è l'utente che sceglie quale pagina visitare), possibilità per le aziende di pubblicare messaggi pubblicitari informativi, la diffusione capillare nelle case ecc. Però l'ambito nazionale del teletext, l'impossibilità per i semplici cittadini di pubblicare e la veste grafica molto più povera di quella offerta da internet, ne condizionano pesantemente lo sfruttamento a scopi commerciali. Non si può comunque escludere che eventuali innovazioni tecnologiche possano portare alla ribalta questo, che rimane un prezioso mezzo di informazione.

Il commercio elettronico

In Italia l'e-commerce non è molto sviluppato, causa una legislazione che non è ancora stata adattata a questa possibilità generata dallo sviluppo tecnologico, ma che offre particolari vantaggi, come afferma ancora Ferguson: «I benefici del commercio elettronico sono, probabilmente, molto sfaccettati. Innanzitutto il commercio può procedere internamente molto più rapidamente, e ciò permette un risparmio sui costi che spesso si ripercuotono sul consumatore. La possibilità di avere un maggior numero di informazioni e un tipo di relazioni più ravvicinate rappresenta, per il consumatore, un valore aggiunto, nel caso in cui si tratti di *business to business*.

I rischi che comporta il commercio elettronico sono tuttora un problema nel settore della sicurezza, anche se, effettivamente, esistono tecnologie che possono limitare questi rischi. Il punto della questione è la necessità di accordi e di standardizzazione tra queste tecnologie; e per quanto riguarda quest'aspetto, i lavori sembrano essere a buon punto.»

(da: http://www.mediamente.rai.it/home/bibliote/intervis/f/ferguson.htm).

Un caso interessante è quello della libreria on line Amazon, che in due anni ha raggiunto un fatturato di dieci milioni di dollari; comunque, va anche detto che negli USA la cultura della vendita per corrispondenza esiste già da cinquant'anni, mentre in Italia siamo ancora lontani da questi traguardi. Un passo importante compiuto in Italia nel campo del commercio elettronico è stato fatto dalla Ford. Il cliente, connessosi al sito, può decidere di ordinare un'automobile, scegliendo sullo schermo il colore della macchina e gli eventuali accessori disponibili, indicando i dati della vettura da dare in permuta e sceglie se ritirarla in concessionaria o a casa propria. Il più è fatto: l'utente può provare la macchina per due giorni, decidere se inoltrare l'acquisto ed essere comunque tutelato direttamente dalla casa madre.

Internet gratis

L'ultimo paradosso, tra i tanti che la "ragnatela fornisce", è che internet potrebbe diventare presto un servizio gratuito. Mentre i provider di tutto il mondo si danno battaglia a colpi di tariffe scontate, alcune aziende hanno cominciato a offrire l'accesso gratuito in cambio della fruizione di messaggi pubblicitari o con l'adesione a particolari programmi di marketing. Prende corpo il sogno della navigazione gratuita di Nicola Grauso, che nel 1994 aveva creato un servizio commerciale in Italia per l'accesso gratis al www con Video On Line, iniziativa però fallita.

Sulla scia del successo ottenuto da Hotmail, un sito che offre il servizio free email, cioè la disponibilità di un indirizzo di posta elettronica senza il costo di un abbonamento (può, per esempio, essere sfruttato collegandosi da un internet cafè, dal luogo di lavoro o di studio) i principali motori di ricerca della rete hanno recentemente iniziato a muoversi in questa direzione.

Ci si collega con il sito, si forniscono le proprie generalità, il lavoro svolto, il reddito annuo, il numero dei componenti del nucleo familiare e si può così disporre di un indirizzo virtuale senza spese aggiuntive. Il motore di ricerca, in cambio, aumenta la notorietà del proprio marchio, catalizza l'attenzione, vede diffondere il proprio nome molto velocemente e, soprattutto, può identificare gli utenti del servizio che offre. E può così migliorare la propria posizione nella vendita di spazi pubblicitari alle aziende che ne fanno richiesta.

Un servizio che dimostra come le tradizionali regole della pubblicità possano essere ribaltate in rete è fornito da Cybergold e NetFraternity. Infatti, sull'esempio del servizio creato da una compagnia telefonica del Nord Europa che offriva telefonate gratuite purché gli utenti fossero disponibili, ogni tanto, a sorbirsi uno spot, gli esperti di internet marketing hanno creato una nuova forma di pubblicità che permette di scavalcare gli intermediari nel bombardare il potenziale cliente: la rete permette di finanziare direttamente il navigatore affinché investa il suo tempo per guardare la pubblicità.

Cybergold è il capostipite di questa filosofia; offre mezzo dollaro per ogni banner osservato. Occorre registrarsi nel sito, prendere un login e dire dove si vuole che siano versati i cyberdollari. Per ora soltanto i residenti nel Nord America possono accedere a questo servizio.

NetFraternity è invece una proposta italiana, comunque sfruttabile da tutta l'Europa, che si propone come un'organizzazione non politica, non settaria e non profit. Si pone scopi quali:

- rendere la connessione liberamente accessibile a tutti e priva di costo;
- accrescere e promuovere la diffusione del sapere umano in rete.

Come funziona? Viene fornito un software gratuito chiamato NetSpot, il quale si occupa di far comparire i messaggi pubblicitari durante la navigazione. NetFraternity rimborsa il costo dell'abbonamento e di un'ora di connessione, calcolandoli come medie dei prezzi del Paese da cui si accede al servizio. Il rimborso avviene mediante Netcoins (1 Netcoin = 1$), che si possono spendere nel circuito degli sponsor, oppure far versare su assegno.

Il presidente di NetFraternity, il veneziano Alberto Vazzoler, chiarisce gli scopi per cui è nata questa proposta: «Internet è una grandissima fonte di informazione: navigando sulla rete infatti possiamo trovare la maggior parte delle conoscenze dell'umanità raggiunte nei più svariati ambiti della scienza, dell'arte, della tecnologia. Questa vasta quantità di nozioni e dati non deve quindi essere una fonte di profitto, ma una risorsa consultabile alla portata di tutti.» Ma la pubblicità non è l'unica merce di scambio che viene offerta ai navigatori.

La Citybank, infatti, regala l'accesso a internet ai clienti che scelgono di affidarle i propri risparmi. In Italia il Credito Italiano sta sviluppando questa politica di marketing. In definitiva, il successo di questa iniziativa potrebbe addirittura decretare la morte dei provider "tradizionali". Più facile è prevedere un mercato in cui coesistono gli abbonamenti a pagamento e quelli ottenuti traendo vantaggi da particolari accordi economici. Analogo discorso può essere fatto per quanto riguarda il futuro dei periodici on line.

Dario Dal Zotto sostiene che «gli editori americani che vedono cinquanta milioni di consumatori navigare quotidianamente su internet e attingere a questo grande media le news, sono preoccupati perché internet, distribuendo notizie gratis, potrebbe diventare il peggior nemico per quelle testate che non sono ancora disponibili on line.»

Francesco Siliato, in un'intervista rilasciata nel 1995, affermava: «I periodici soprattutto subiranno la competizione dei nuovi media, e dovranno dare dei servizi in più ai lettori per poter competere e restare sul mercato. La pubblicità sarà probabilmente meno emozionale e più informativa. […] (*I nuovi media daranno*, n.d.A.) all'inserzionista la possibilità di fornire una quantità di informazioni molto maggiore rispetto a quella a disposizione sui media tradizionali» (fonte reperibile al seguente sito web: http://www.mediamente.rai.it/home/bibliote/intervis/s/siliat02.htm).

Alcuni dati, relativi alla conclusione del 1998, destano preoccupazione: le testate giornalistiche statunitensi che hanno investito ingenti capitali per la creazione di versioni web dei propri quotidiani registrano allarmanti perdite: dai trentacinque milioni di dollari della Tribune (che comprende quattro testate), ai ventitré della Knight Ridder, ai quindici del Times Mirror e del *New York Times*. A fare eccezione è soltanto il *Wall Street*

Journal, quotidiano di natura finanziaria ed economica. Questo significa che è sbagliato percorrere la strada di internet? Cosa succederà allora alle testate del Vecchio Continente che possono contare su un numero di lettori inferiore all'audience statunitense (il 68% degli utenti internet di tutto il mondo è negli Stati Uniti)? La risposta, se di risposta si può parlare, è che stare alla finestra potrebbe indurre a essere esclusi da probabili successi futuri. Probabilmente il giornalismo ha incontrato il futuro e questo ha il suo prezzo.

La pubblicità: una grande fabbrica di sogni

Ecco una rassegna di importanti opinioni inerenti la pubblicità su internet e sugli sviluppi che essa potrà avere. Interessantissima è un'intervista a Jacques Séguéla, cofondatore dell'agenzia di pubblicità Roux/Séguéla, la quale fa parlare di sé per la propria creatività. Egli, divenuto famoso per aver condotto con successo la campagna elettorale di Mitterand con lo slogan «La forza tranquilla», ha fatto parlare di sé quando ha rifiutato per motivi politico-filosofici un incarico offertogli da Gheddafi allo stipendio di un milione di dollari l'anno per cinque anni.

Ecco alcune sue opinioni, tratte da un'intervista pubblicata nel 1998: «Tra dieci anni la lingua più utilizzata non sarà né il cinese né l'inglese né il francese, ma la lingua *cyber*, una lingua che si reinventa e sarà molto diversa da quella utilizzata oggi. Fino ad ora la comunicazione procedeva con ripetuti collage, si ritagliavano le immagini nei giornali, si incollavano e si aggiungeva il testo. [...]

La lingua cyber agisce tramite "l'interpenetrazione" delle immagini: le immagini fanno l'amore con le parole come in una fusione totale del linguaggio. Non si capisce dove ci porterà questa regola; in ogni caso, l'indispensabile è che ci sia interazione, invogliando a precipitarsi sullo schermo per capire cosa accade, facendo dell'individuo non più un semplice consumatore ma un vero attore del processo interattivo. [...]

Qualsiasi marca che si carica d'immaginario diventa una "marca-persona"; si riavvicina a noi. [...] Forzando l'immaginario, i marchi possono diventare gli amici di famiglia oppure diventare delle star alle quali si vuole rassomigliare [...]. I marchi esistono solo per i valori che riescono a captare e digerire all'interno dei loro stessi prodotti.»

E ancora: «La pubblicità è una grande fabbrica di sogni per la nostra società. Esiste Hollywood, che però è un atto volontario: bisogna andare al cinema o accendere la tv. La pubblicità ci accompagna tutto il giorno Fellini diceva a questo proposito: "Per me la pubblicità è la cosa che risveglia la mia curiosità la mattina." Ci sono quasi trecento sollecitazioni quotidiane alla pubblicità; essa crea intorno a noi un sottobosco dell'immaginario all'interno del quale dobbiamo avanzare. Non c'è niente di più banale che acquistare del sapone per il bucato e tornare a casa. Quest'operazione diventa un atto culturale a causa dei valori immaginari aggiunti dal pubblicitario. [...]

Troppa pubblicità uccide la pubblicità. Il consumatore ha bisogno di grandi lidi dell'immaginario: torna a casa dopo una giornata spaventosa e vuole mettersi davanti alla tv per poter partire come un uccellino verso un film o una trasmissione che gli si propone. [...]

Se la televisione diventa una corsa all'auditel, è una corsa di somari. Invece di guardare la televisione è lei che ci osserva e che prende il peggio di noi, il più basso e il più facile. In cambio, ci restituisce dei serial cretini, dei giochi stupidi e delle trasmissioni imbecilli. Domani, a questo ritmo, moriremo idioti. Bisogna esigere dalle nostre televisioni, che sono la nostra cultura immediata, di essere porta-parola permanenti dell'immaginario e del pensiero. [...]

Esistono tre tipi di pubblicità. C'è la pubblicità inglese che parte dalla testa per colpire al cuore; c'è la pubblicità latina, spagnola, italiana e francese che segue il cammino inverso e poi esiste quella americana che parte dalla testa per colpire al portafogli. Non sono tutte uguali. Non ci amiamo nello stesso modo perciò non possiamo comunicare nello stesso modo. Io credo che sia necessario, tuttavia, lottare contro questa pubblicità globale imposta dagli americani. Creano delle campagne pubblicitarie, a Madison Avenue, esportate nel mondo intero senza cambiare una virgola. Oggi le popolazioni vogliono ritrovare nella cultura immediata della loro pubblicità le loro identità culturali, le loro radici, le proprie differenze e i propri umori. [...]

Ecco perché più le comunicazioni si svilupperanno e più dovranno diventare non globali, ma locali. […]

La pubblicità è la migliore tecnica che sia stata inventata per comunicare, è il metodo più rapido e concentrato per comunicare. Bisogna, invece, prestare attenzione alle manipolazioni della pubblicità. Sono profondamente contrario alle campagne americane comparative che sfruttano milioni di dollari non per comunicare ciò che pensa il candidato ma per distruggere il pensiero dell'altro candidato. La costituzione di ogni democrazia dovrebbe interdire questo tipo di pubblicità. Penso che ci sia la necessità di un'etica estremamente severa Quando si diventa consigliere in comunicazione politica non bisogna mai accettare di mettere quest'arma assoluta nelle mani di un uomo che non sia democratico. […]

Internet sarà il grande media del futuro, nel giro di dieci anni gli investimenti sulla rete saranno equivalenti a quelli per la televisione. Ci sarà un rovesciamento fondamentale nell'economia pubblicitaria. Decine di reti televisive moriranno per il beneficio di internet. Tutto questo avverrà se i creativi riusciranno a dare anima e corpo a questa comunicazione che oggi è puramente elettronica e totalmente nauseabonda. Stiamo creando dei canali virtuali che irrigano il mondo ma se non siamo capaci di farci scorrere il sangue dei poeti, distruggeremo forse la più bella invenzione della comunicazione di ogni tempo. È fondamentale che i grandi creativi si applichino sulla rete, perché oggi chi crea le pagine web? Giovani informatici di diciotto o vent'anni che non hanno ancora nessuna vera cultura della creatività. Non sono grandi creativi ma più dei navigatori pazzi che a poco a poco distruggono, sul nascere, la cultura e il linguaggio della rete. È un vero grido d'allarme che lancio: non possiamo lasciare la rete nello stato di povertà creativa nel quale si trova. […]

Passiamo dall'età del "clip" a quella del "click": sono due concetti completamente diversi. Nel clip vediamo una successione di immagini in modo passivo che ci inglobano nel loro vortice. Il click è un'azione: io decido se vedere un'immagine piuttosto di un'altra; divento il mio stesso realizzatore, il mio direttore della comunicazione. Questo significa che la creazione iniziale dev'essere molto aperta e quasi nomade. La creazione pubblicitaria fino ad ora mi obbligava a passare attraverso il collo di bottiglia del messaggio da fornire. La comunicazione in rete è esattamente il contrario di questo collo di bottiglia, poiché parte da un punto preciso e permette di aprire direzioni in ogni senso. Fino ad ora la comunicazione dipendeva dall'emisfero sinistro, quello della razionalità, del rigore e della ragione. Il web dipende invece dall'emisfero destro, quello della creatività, della passione e della follia. La rete ci porterà sicuramente su spiagge sconosciute, completamente diverse; tutta la cultura e l'intelligenza del mondo vacillerà. Gutemberg ci ha plasmati a una razionalità che ci ha sfiniti; finalmente non abbiamo più nulla da inventare in quel settore. Ma il settore della "sragionatezza" è illimitato e il web ci permetterà di esplorare uno spazio folle che può essere quello dei poeti. I venti secoli che abbiamo vissuto sono stati i secoli degli ingegneri: hanno inventato macchine, scavato canali e posato cavi intorno al mondo. Domani bisognerà riempirli di contenuto ed è per questo che l'avventura sul web è la grande avventura del terzo millennio. [...]

Passiamo dalla società di consumo a quella dell'informazione. Alvin Toffler, il grande futurologo americano, disse che

"L'informazione è denaro, e sarà il dollaro di domani." La comunicazione si riavvicinerà sempre più al giornalismo, i pubblicitari dovranno diventare reporter, cercare informazione su i loro prodotti e sulle concorrenze, dovranno nutrire il consumatore con più informazione possibile. La pubblicità era un mezzo un po' fascista di comunicare perché era un monologo della comunicazione, si infilavano "chiodi" nella testa delle persone; diventerà molto più democratica perché ognuno avrà la possibilità di scegliere l'informazione che vorrà. Fino ad ora la pubblicità ci veniva a cercare, domani sarà il consumatore che andrà a cercare la sua informazione tramite la pubblicità: è un passo avanti formidabile per la democrazia. […]

La pubblicità e la consumazione non sono altro che specchi dei popoli. In questo fine secolo, l'uomo sulla terra ha voluto lasciare la sua stessa società, il suo stato di oggetto per diventare soggetto. Ha voluto partecipare ad ogni livello che sia culturale, economico o politico. […] Più si andrà avanti e più l'uomo diventerà reattivo e fatalmente la consumazione e la comunicazione andranno di pari passo. Non si sa quali saranno i limiti. Da qui a vent'anni la gente vivrà principalmente a casa visto che per il 2020 un acquisto su due si farà a casa e che un impiego su due sarà a casa. Le persone lavoreranno metà del tempo di oggi, la settimana lavorativa sarà di tre giorni; l'individuo avrà due stati: quello della consumazione passiva a casa e uno stato nomade dell'uomo. L'individuo circolerà sempre più, saltando le frontiere che tra l'altro saranno abolite. Andrà a "strofinare" il proprio cervello con quello degli altri e raccoglierà una curiosità nuova venuta da altrove. Penso che il tempo che arriva, dopo un XX secolo molto sedentario, sarà un grande tempo di nomadismo e che finalmente si ritroverà l'inizio dell'umanità, visto che l'uomo ha cominciato nomade.»

Sembra fargli eco Margoni che nella già citata intervista del 1995 sosteneva : «Non riesco a immaginare la rete come un mercato di massa, penso che potrà evolversi solo come un sistema di mondi diversi, ognuno con una sua identità. [...] Credo che non ci sia oggi, e penso che non ci sarà domani, un mondo chiamato internet; ma un sistema di mondi, potenzialmente intercomunicanti ma diversi, ognuno dei quali dovrà essere capito nella sua specifica identità. [...] Mi chiedo se la rete possa essere definita un media nel senso tradizionale. [...] La differenza fondamentale sta nell'interattività. Non più mezzi con un centro che trasmette e molti che ricevono, ma un sistema policentrico in cui tutti possono essere parte attiva. Quasi istantaneamente, quasi in tutto il mondo. Non si era mai vista una cosa simile nella storia dell'umanità. [...] Mi sembra improbabile che la rete [...] possa diventare un mezzo di massa. Mi sembra più probabile che diventi un vivaio di infiniti e mutevoli scambi tra tanti sistemi, ognuno con una sua personalità. Insomma non credo in un villaggio globale omogeneo ma, al contrario, in una moltiplicazione di mondi e di culture, ognuna senza confini fisici ma con una sua identità. Se non sarà così, avremo perso la più grande occasione che ci sia mai stata offerta nella storia della comunicazione umana.»

Herman Zampariolo, nella già ricordata intervista del 1997 sosteneva: «Noi siamo abituati a pensare alla pubblicità come una pioggia indiscriminata su tutti. Stiamo assistendo, invece, alla migrazione, o alla nascita, accanto a questa, di una pubblicità che conosce il suo pubblico. Ciò è molto diverso dal tradizionale modo di fare pubblicità, perché in questo caso bisogna poter progettare, dal punto di vista tecnologico, una pubblicità che cambia a seconda di quale utente singolo può avere davanti; e anche dal punto di vista estetico e artistico cambierà radicalmente, perché è necessario conoscere l'utente, i suoi gusti, la sua provenienza culturale e geografica. [...] Se si comincia a essere più precisi, più mirati, sarà sicuramente più misurabile l'efficacia», e cioè riuscire cioè a discernere i risultati buoni da quelli non proliferi. Zampariolo continua: «Non penso che si arriverà mai ad una forma pubblicitaria così pesantemente intrusiva com'è spesso quella televisiva, come quella di interrompere le emozioni addirittura programmaticamente. Devo anche dire che non solo la pubblicità su internet potrà essere meno intrusiva, ma ho l'impressione che potrà essere anche più creativa.»

(http://www.mediamente.rai.it/home/bibliote/intervis/z/zampario. htm)

Franco Berardi ammonisce: «Passiamo il tempo dell'attesa delle informazioni a ricevere non informazioni, bensì pubblicità. [...] Un comportamento creativo e non distruttivo di hackeraggio potrebbe per esempio lavorare su quest'aspetto.» (Berardi 1995). Infine, Siliato ritiene che «Altri scenari prefigurano più pubblicità di servizio e meno pubblicità emozionale. Un dato interessante riguarda l'invecchiamento della popolazione italiana negli anni rispetto alla pubblicità: le persone anziane hanno molto tempo libero a propria disposizione, pertanto maggiore sarà il tempo che un anziano può dedicare al consumo dei media» (http://www.mediamente.rai.it/home/bibliote/intervis/s/siliat02.ht m). E quindi la pubblicità si sposterà verso l'area informativa e dei servizi.

RIEPILOGO DEL GIORNO 1:

- SEGRETO n. 1: in rete un messaggio pubblicitario non ha soltanto la funzione comunicativa, ma ha la possibilità di permettere una compravendita immediata, soltanto muovendo opportunamente il mouse.

- SEGRETO n. 2: agevolando la pubblicazione, il www tende a rafforzare la funzione informativa su quella comunicativa.

- SEGRETO n. 3: nel ciberspazio diventa fondamentale saper vendere l'informazione prima ancora del prodotto stesso.

- SEGRETO n. 4: la pubblicità deve essere interessante, innovativa e rinnovata, poiché l'utente avrà il potere di guardarla o meno.

- SEGRETO n. 5: il banner ha la duplice funzione di creare notorietà al marchio e di portare l'utente al sito dell'azienda; di per sé ha un valore informativo piuttosto limitato.

- SEGRETO n. 6: è il contenuto che agisce da selettore nei confronti dell'interesse dei navigatori, e che finisce per identificare categorie di persone caratterizzate da interessi comuni o da particolari atteggiamenti nei confronti di particolari tematiche; da qui la necessità di *posizionare* in modo adeguato il messaggio pubblicitario.

- SEGRETO n. 7: i tassi di click-through possono essere significativamente più elevati, qualora i banner vengano posti in punti strategici dello schermo: vicino alla toolbar o in zone centrali.

- SEGRETO n. 8: il messaggio degli interstiziali viene memorizzato nel 33% dei casi, a fronte del 13% di "bannerini" normali; è facile quindi prevedere per essi un ampio successo.

- SEGRETO n. 9: la pubblicità su internet è molto conveniente perché:
  o il costo non cambia se la pubblicità è rivolta alla città dove si abita oppure al mondo intero;
  o non servono manifesti, pellicole o altro materiale che l'azienda solitamente non utilizza per la sua normale attività;
  o con l'ausilio di materiale tecnologico a costi contenuti (fotocamera digitale, scanner, webcam ecc.) è possibile ottenere ottimi risultati;
  o questo mezzo può raggiungere il mondo intero, 24 ore su 24, 365 giorni l'anno;

o essere presenti su internet significa dare la netta impressione che si sta usufruendo delle più moderne tecnologie;

o le pagine web possono essere aggiornate in qualsiasi momento.

GIORNO 2:

Come rendere più efficace e accattivante la tua pubblicità in internet

Le strategie di comunicazione nel web

La struttura dell'offerta di pubblicità su internet è in fase di continua evoluzione. Gli attori di questo mercato sono aziende con diversi gradi di specializzazione, sia rispetto a internet che al mercato pubblicitario. I principali operatori attivi nel mercato della raccolta pubblicitaria provengono direttamente da settori dei media più tradizionali (ad esempio Publitalia), e in particolare dalla stampa (ad esempio Manzoni o *Il Sole 24Ore*).

Tuttavia, secondo Databank Consulting, il ruolo di leader sembrerebbe spettare ad Active Advertising, azienda nata e specializzata nella realtà propria di internet (Onetone Research, *La rete in Italia*, luglio 2000).

Come anticipato, seguono ad essa aziende provenienti dal mercato della stampa e dell'editoria in genere, che possono sfruttare le sinergie derivanti dal selling dei vari canali pubblicitari. Queste concessionarie hanno il vantaggio di poter offrire ai propri clienti campagne pubblicitarie su diversi media, in modo da consentire di raggiungere il target indipendentemente dal mezzo o dalla campagna utilizzata.

Nella Figura 1 è possibile analizzare lo sviluppo del mercato pubblicitario tra il 1999 e il 2000 in Italia. È evidente che il pieno sfruttamento delle potenzialità della pubblicità in rete è una condizione fondamentale per lo sviluppo dell'economia legata a internet.

Per raggiungere tale obiettivo è necessario conoscere e saper sfruttare in maniera opportuna le diverse strategie di comunicazione basate sulla rete (Figura 1).

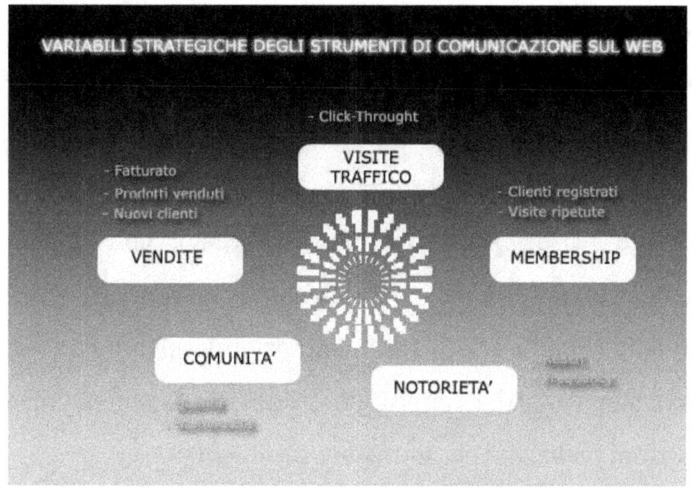

Figura 1

Strategia finalizzata alla notorietà del marchio

Questa è la forma di utilizzo del web che meno sfrutta le opportunità offerte da internet. Generalmente una campagna di questo tipo consiste nell'inserimento di banner in siti caratterizzati da un alto volume di traffico e con una targettizzazione non obbligatoriamente determinata. L'obiettivo di queste campagne è quello di diffondere il brand o di far conoscere un prodotto senza avere la finalità principale di indurre il navigatore a cliccare sul banner e visitare il sito (Bregani 1999).

SEGRETO n. 10: l'esposizione del banner aumenta la notorietà del marchio pubblicizzato, come avviene per uno spot televisivo o una pagina pubblicitaria su una rivista.

In questo caso, il web viene utilizzato con logiche di comunicazione proprie dei media tradizionali. Variabili strategiche (Figura 1) sono la numerosità del pubblico raggiunto almeno una volta dal messaggio (*reach*) e il numero medio di esposizioni realizzate per individuo (*frequency*).

Strategia finalizzata alla generazione delle visite

La valutazione dell'efficacia di questo metodo deve essere corretta, considerando che un navigatore che ha cliccato sul banner può decidere di interrompere il trasferimento dei file che compongono la pagina web associata (*target ad*), perché, per esempio, si rende conto di aver commesso un errore o perché la pagina è troppo lenta nel visualizzarsi e via dicendo. In tutti questi casi l'advertising server registra un click-through, pur non verificandosi alcuna visita reale al sito pubblicizzato (Musardo 2000).

SEGRETO n. 11: strategia finalizzata alla generazione delle visite. In questo caso la campagna è concepita per generare traffico su un particolare sito web target. La valutazione dell'efficacia della campagna deve essere effettuata analizzando e misurando il numero di visite al sito web pubblicizzato generate dallo stesso annuncio e il numero del click-through, cioè il numero delle volte in cui il banner dell'inserzionista è stato cliccato.

Strategia finalizzata al rapporto personale

Tra le iniziative che hanno lo scopo di creare un rapporto di one to one marketing, si devono considerare tutti i servizi personalizzati di informazioni, alert e gestioni personalizzate con "profilazione" dell'utente. Questi servizi possono essere forniti al cliente solo dopo registrazione in un sistema di membership (costruendo in tal modo una banca dati di informazioni sul loro conto), e come contropartita forniscono loro l'accesso a una serie di sevizi esclusivi.

Le variabili strategiche maggiormente utilizzate per valutare questo tipo di campagna sono: il *numero di visite ripetute*, che misura la capacità di un sito di creare un rapporto continuativo con il cliente, facendo in modo che egli torni ripetutamente a visitarlo, e il *numero dei clienti registrati al servizio* (Figura 1).

SEGRETO n. 12: strategia finalizzata al rapporto personale. Vengono classificate in questa categoria tutte le iniziative che hanno lo scopo di creare un rapporto di *one to one marketing* tra l'azienda e il cliente.

Strategia finalizzata alla vendita

Non è detto, infatti, che l'obiettivo di aumentare le vendite debba essere conseguito tramite l'e-commerce, ma sicuramente l'e-commerce deve essere sinergico, con la massimizzazione delle vendite off line. Le variabili strategiche per la valutazione dell'efficacia delle campagne sono: il fatturato, il numero di prodotti venduti, il numero di nuovi clienti acquisiti (Figura 1).

SEGRETO n. 13: strategia finalizzata alla vendita. Questa strategia risulta ottima per tutti i siti web che offrono servizi a pagamento per i clienti sia on line che off line.

Strategia finalizzata alla diffusione di comunità virtuali

Le comunità virtuali sono gruppi di persone che, per motivi professionali, per passioni individuali o per puro divertimento, condividono l'interesse per un determinato argomento, e utilizzano internet per scambiarsi opinioni, esperienze, scoperte personali, consigli (Mandelli 1998).

Nasce così un nuovo modo di considerare il rapporto tra azienda e cliente: questi non è più un soggetto passivo in cui inculcare una determinata convinzione tramite la pubblicità, ma diventa parte attiva, fino a essere addirittura partner dell'impresa nel processo di progettazione e sviluppo del prodotto.

«La misurazione dell'efficacia di iniziative strategiche di questo tipo può essere fatta attraverso la valutazione della numerosità della comunità virtuale legata all'azienda, o considerando la portata qualitativa degli interventi che vengono realizzati; un giudizio completo, comunque, non può che derivare da un'analisi *ex post* che valuti in modo globale costi e benefici dell'iniziativa.» (Mandelli 1998; vedi anche Figura 1).

SEGRETO n. 14: l'obiettivo della strategia è quello di creare una comunità virtuale che, direttamente o indirettamente, possa far riferimento all'immagine o al prodotto dell'azienda.

Gli strumenti di comunicazione

I banner

I banner sono la più diffusa forma di annuncio pubblicitario disponibile sul www. Generalmente si presentano come immagini fisse, a sviluppo orizzontale, di forma rettangolare (Figura 2), contenenti un breve testo, solitamente posizionate nelle parti superiore e inferiore delle pagine web; sempre più spesso essi contengono immagini in movimento e sono accompagnati da suoni.

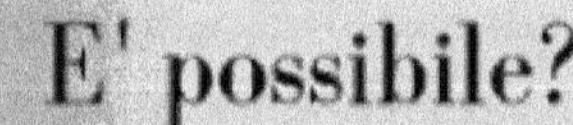

Figura 2

La specificità dei banner rispetto a qualsiasi altro strumento pubblicitario disponibile sui media tradizionali è che l'utente, se interessato al messaggio dell'annuncio, può ottenere ulteriori informazioni sul prodotto o la marca pubblicizzati, semplicemente cliccandoci sopra. Solitamente al banner è abbinato il collegamento al sito dell'inserzionista (*target ad*), ma non mancano altre soluzioni, quali l'abbinamento a mini-siti informativi creati appositamente per la campagna pubblicitaria, o la possibilità, una volta che l'utente ha cliccato sul banner, di mostrare annunci con immagini in movimento sullo stile degli spot televisivi.

Le pagine web contenenti banner sono solitamente predisposte dall'editore con uno spazio apposito, su cui di volta in volta viene inserito l'annuncio. Le potenzialità interattive del nuovo medium, infatti, premettono di gestire l'allocazione dei banner sulla base delle particolari caratteristiche dell'utente che richiede di scaricare la pagina: negli Stati Uniti i siti più importanti utilizzano dei software, gli ad server, che gestiscono la distribuzione dei banner sulla base delle informazioni che è possibile rilevare, in tempo reale, dai file di log del server.

Nelle campagne pubblicitarie su internet è possibile distinguere tre tipi di banner:

1. *statici;*

2. *animati;*

3. *interattivi.*

I *banner statici* hanno la caratteristica di sintetizzare in un'unica immagine testi e grafica; essi hanno il vantaggio della leggerezza con cui si scaricano. I *banner animati* prevedono che all'interno di una gabbia grafica di dimensioni predefinite vi sia un'immagine gif animata (cioè un insieme di immagini visualizzate in sequenza); essi consentono di veicolare messaggi più complessi ma hanno lo svantaggio, a parità di risoluzione, di essere più "pesanti" in termini di dimensioni. Vengono definiti *banner interattivi* quei banner che spingono il navigatore a compiere azioni più complesse del semplice cliccare: partecipare a sondaggi, compilare un form di registrazione, iscriversi a un gioco interattivo.

SEGRETO n. 15: i banner più efficaci sono quelli interattivi, perché spingono il navigatore a interagire con il banner stesso, diventando parte attiva del messaggio pubblicitario.

SEGRETO n. 16: la specificità dei banner, rispetto a qualsiasi altro strumento pubblicitario disponibile sui media tradizionali risiede nel fatto che il navigatore può ottenere ulteriori informazioni sul prodotto o sul *messaggio banner*, predisposte dal sito con uno spazio, denominato *spazio banner*.

È possibile individuare un buon numero di *spazi banner* per pagina web compreso tra uno e tre banner. Solitamente viene posizionato uno spazio banner al top della pagina con un formato 468x60 pixel, e uno nel footer con un formato 234x60 pixel (Figura 4). Esistono alcune dimensioni standard per il banner che si sono affermate nel web per la loro maggiore efficacia. Il formato maggiormente utilizzato rimane comunque il full banner, probabilmente per il suo maggiore impatto grafico, dal momento che copre gran parte della larghezza della schermata.

Generalmente per dare più risalto al messaggio esso viene pubblicato al top della pagina. La collocazione dei banner nella pagina web può essere gestita in modo da utilizzare le informazioni sul profilo utente e delle pagine per targettizzare la campagna banner (Corno 1999).

SEGRETO n. 17: i vantaggi derivanti dall'uso dei banner tecnica sono:

- **capacità di indirizzare il messaggio solo alle persone potenzialmente interessate, consentendo una riduzione del costo per contatto e una maggiore efficacia della spesa pubblicitaria;**

- **la veicolazione dell'annuncio è più precisa e diretta, e può essere valutata sulla base di dati registrati dall'advertising server, senza che siano necessarie ulteriori indagini ex post, per valutare la numerosità e la composizione del pubblico esposto alla campagna.**

I pop-up

I pop up sono nati per campagne il cui obiettivo è diverso da quello di generare visite sulla home page dell'inserzionista. I contenuti del pop up possono riguardare il lancio di un nuovo prodotto o un particolare evento che riguarda l'impresa inserzionista, il regolamento di un nuovo concorso a premi, gli ultimi risultati della squadra sponsorizzata dall'inserzionista stesso ecc.

I link a pagamento

Costituiscono una delle forme pubblicitarie di più semplice realizzazione nel web. Essi offrono il vantaggio di poter essere più facilmente inseribili all'interno delle pagine HTML e di poter entrare a far parte di un lista di URL che riguardano in genere argomenti simili. I link a pagamento trovano vasto impiego nelle newsletter, dove vengono impiegati per pubblicizzare argomenti affini a quelli oggetto della newsletter e nei motori di ricerca, visualizzandoli dopo che il navigatore ha effettuato un'interrogazione per determinate parole chiave. I link pubblicitari offrono inoltre il vantaggio di avere un tasso di click-through più elevato di quello di un semplice banner, a causa della loro "confondibilità" con i normali link del sito web.

Gli interstitial ad

Un interstitial ad è una finestra pubblicitaria che appare sul browser del navigatore grazie a un software da installare sul client. I contenuti di questo spazio vengono gestiti dalla concessionaria di pubblicità, la quale può inserire animazioni, effetti audio, banner ecc. La finestra del browser occupata da un interstitial ad può essere di dimensioni variabili e posizionata diversamente sullo schermo in funzione delle esigenze della concessionaria.

RIEPILOGO DEL GIORNO 2:

- SEGRETO n. 10: strategia finalizzata alla notorietà del marchio. L'esposizione del *banner* aumenta, quindi, la notorietà del marchio pubblicizzato.

- SEGRETO n. 11: strategia finalizzata alla generazione delle visite. In questo caso la campagna è concepita per generare traffico su un particolare sito web target. La valutazione dell'efficacia della campagna deve essere effettuata analizzando e misurando il numero di visite al sito web pubblicizzato generate dallo stesso annuncio e il numero del click-through, cioè il numero delle volte in cui il banner dell'inserzionista è stato cliccato.

- SEGRETO n. 12: strategia finalizzata al rapporto personale. Vengono classificate in questa categoria tutte le iniziative che hanno lo scopo di creare un rapporto di *one to one marketing* tra l'azienda e il cliente.

- SEGRETO n. 13: strategia finalizzata alla vendita. Questa strategia risulta ottima per tutti i siti web che offrono servizi a pagamento per i clienti sia on line che off line.

- SEGRETO n. 14: l'obiettivo della strategia è quello di creare una comunità virtuale che, direttamente o indirettamente, possa far riferimento all'immagine o al prodotto dell'azienda.

- SEGRETO n. 15: i banner più efficaci sono quelli interattivi, perché spingono il navigatore a interagire con il banner stesso, diventando parte attiva del messaggio pubblicitario.

- SEGRETO n. 16: la specificità dei banner, rispetto a qualsiasi altro strumento pubblicitario disponibile sui media tradizionali risiede nel fatto che il navigatore può ottenere ulteriori informazioni sul prodotto o sul *messaggio banner,* predisposte dal sito con uno spazio, denominato *spazio banner.*

- SEGRETO n. 17: i vantaggi derivanti dall'uso dei banner tecnica sono:
  - capacità di indirizzare il messaggio solo alle persone potenzialmente interessate, consentendo una riduzione del costo per contatto e una maggiore efficacia della spesa pubblicitaria;
  - la veicolazione dell'annuncio è più precisa e diretta, e può essere valutata sulla base di dati registrati dall'advertising server, senza che siano necessarie ulteriori indagini ex

post, per valutare la numerosità e la composizione del pubblico esposto alla campagna.

GIORNO 3:

Come differenziare il tuo messaggio e colpire l'attenzione degli utenti

Pubblicità tra media tradizionali e internet

Una strategia di advertising va interpretata nel rapporto con il medium per il quale è stata studiata. Molti intendono i modelli comunicativi per internet sulla matrice di quelli per i mass media tradizionali, spesso tipizzati dalla televisione. Il fatto è che mentre la tv è un medium emotivo, il computer è un medium cognitivo: va accettata una distinzione basata sulle reazioni psicologico-comportamentali dell'utente. Al contrario del passivo utente televisivo, il lettore è in rete per un proposito ben definito, e non vuole essere distratto dall'advertising (i deprimenti risultati di alcuni studi sul click-rate dimostrano proprio questo).

La differenza tra la pubblicità on line e quella tradizionale sta nel modo di condizionare il comportamento del consumatore. In rete i pubblicitari perdono gran parte del proprio potere persuasivo a causa dell'accresciuta possibilità di feedback dei navigatori (non più pubblico che si limita a interpretare i messaggi, ma nodi del circuito comunicativo), quindi i creativi devono trasformare il messaggio in un invito a entrare nel simulmondo che il banner dischiude, puntando sempre al coinvolgimento – emotivo e materiale – e all'interazione con il target di riferimento.

Il banner: tra funzione conativa e funzione informativa

Sappiamo che il carattere interattivo del medium-computer permette il realizzarsi del prosumer (parola formata dalla contrazione delle parole *producer* o *professional* con la parola *consumer*). In termini di semiotica parleremo dunque di costruzione intersoggettiva della significazione. Uno spot fruito attraverso un medium tradizionale rimanda direttamente all'oggetto materiale: «Va' al negozio e acquista».

SEGRETO n. 18: la funzione svolta dal banner è quella di segnalare e indirizzare il link a un sito; sarà poi la pagina di pay-off a costituire l'ultimo gradino prima della congiunzione con l'oggetto materiale o il servizio.

Così il banner finisce per delegare determinate informazioni al sito referente, e perciò la sua funzione risulta spogliata, rispetto agli ads sui media tradizionali, di alcune mansioni. In particolare, saranno delegate tutte quelle informazioni che si riferiscono direttamente alla componente materiale del prodotto: il banner si configura, allora, come portatore della parte immateriale dell'oggetto, ovvero della sua natura testuale, della sua capacità di incorporare un senso. In altre parole: identificazione della marca e significatività del banner devono coincidere.

Per una semiotica del banner

A partire dall'analisi dei segni, la semiotica analizza il sistema delle relazioni grazie al quale i segni producono senso. Questo sistema di relazioni giace su delle invarianti che potrebbero rappresentare degli elementi costitutivi del banner: dimensione, colore, font, posizionamento nella pagina, animazione o staticità. Queste sono le caratteristiche che costituiscono le modalità espressive del messaggio.

SEGRETO n. 19: per riconoscere le caratteristiche visive o sonore che costituiscono l'estetica di una marca si utilizza il

metodo della commutazione: a un cambiamento sul piano dell'espressione (*significante*) corrisponde un cambiamento sul piano del contenuto (*significato*). Saremo così in grado di analizzare il banner come risultante di una produzione segnica.

Per una tipologia percettiva del banner

Quaranta anni fa, David Ogilvy impaginava le inserzioni pubblicitarie come se fossero stati articoli di giornale, cercando di aggiungervi, per quanto possibile, una connotazione informativa sulle caratteristiche del prodotto da lui pubblicizzato: in questo modo egli riusciva a eludere quelle soglie percettive che ci fanno notare alcune immagini invece di altre.

Alla stregua di Ogilvy, serviamoci del linguaggio giornalistico; lo faremo accostando il banner al lead (l'introduzione di un articolo): entrambi rappresentano unicamente la chiave di accesso per comprendere l'informazione. Possiamo utilizzare le quattro tradizionali categorie del lead per delineare una tipologia percettiva del banner; verifichiamo la sinergia tra testo verbale e testo visivo:

- *enunciativo* – il testo verbale tende il più possibile a esaurire le informazioni sul tipo di prodotto o servizio;

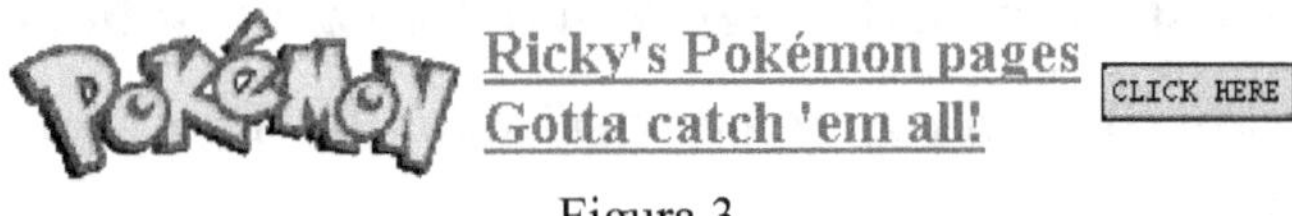

Figura 3

- *dichiarativo* – il testo verbale corrisponde soltanto al nome della marca; l'informazione coinciderà con la conoscenza che il destinatario ha di quel determinato brand;

Figura 4

- *situazionale* – il testo verbale agisce in un secondo momento, delegando all'aspetto percettivo (di contesto, situazionale) il ruolo principale; la comprensione della natura del prodotto non si esaurisce con il testo verbale, ma lascia al destinatario uno spazio semiotico da riempire;

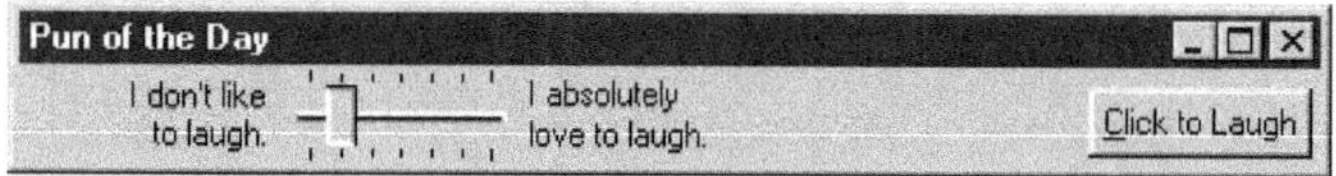

Figura 5

- *interrogativo*: testo verbale e visivo si spogliano della loro funzione informativa; l'incompletezza genera un interrogativo nel destinatario, la comprensione del prodotto potrà realizzarsi solo attraverso l'accesso al sito di pay-off (nel linguaggio pubblicitario equivale al teaser: si genera nel destinatario una tensione risolvibile solo con il completamento della lettura del testo).

Figura 6

Facendo convergere la semiotica con altre teorie di giornalismo, analizziamo il testo del banner anche secondo le coordinate di focus e struttura, utilizzate per progettare l'organizzazione di un articolo:

- *focus* – l'aspetto della notizia da risaltare;

- *struttura* – il modo in cui le varie parti sono sistemate nell'articolo.

Focus e struttura lavorano sinergicamente: la struttura grafica è progettata in modo da esaltare il focus.

Migrazioni sul web di moduli espressivi provenienti da altri mass media

È interessante notare come i pubblicitari si impegnino per sfruttare il "mezzo internet" secondo competenze acquisite anche su altri mezzi o modi di comunicare. Non è difficile notare attinenze espressive con:

- il manifesto da affissione stradale che, diversamente dalle affissioni nella metropolitana, deve impressionare il proprio target in un battito di ciglia;

- la scheda telefonica, il biglietto da visita o la carta di credito, i cui formati costringono i creativi alla compressione dei messaggi;

- lo spot televisivo, che narra una storia generando tensione nello spettatore, stimolandone la ricettività:

- il packaging, che deve "esprimere il prodotto" e svolge funzioni referenziali e informative;

- il coordinamento d'immagine, poiché l'immagine che il banner trasmette dell'azienda pubblicizzata dipende anche dal posizionamento nella pagina, dalle forme espressive usate, dal contesto informativo in cui viene inserito e dall'ambiente visivo in cui deve vivere.

Ecco un esempio di campagna pubblicitaria per mezzi tradizionali tradotta per la rete. Lo studio pubblicitario di David Ogilvy ha creato la campagna televisiva per la IBM. Lo spot inizia con due turisti (inglesi o americani) che, passeggiando per i vicoli di un paesino, incontrano un'insegna artigianale con sopra scritto: «Famiglia Capece, olio d'oliva».

Decidono di fotografarsi vicino a questo reperto storico-commerciale, quando compare dalla porta di casa una vecchia signora, la titolare dell'azienda. I turisti (con modi simpatici, ma tipici di chi si sente superiore) le dicono che sono proprietari di ben tre negozi in Ohio. La vecchia risponde con fare stupito e semplice: «Oh, Ohio, noi vendiamo in Ohio, e in California e

Canada e Argentina e Messico...» I due turisti stupefatti capiscono (e così capisce anche lo spettatore) che l'azienda a conduzione familiare, semplice e artigianale, situata in un posto lontano dalle grandi rotte commerciali, grazie a IBM (soluzioni e-business) e internet, è un'azienda dal respiro globale.

I creativi della OgilvyInteractive hanno tradotto questi messaggi in sei sequenze, aggiungendone una settima, caratteristica per il mezzo: "Clicca qui per saperne di più". Per un'analisi semiotica di questo banner rimando al lavoro di Luisa Cullé, riportato qui di seguito.

Analisi semiotica del banner Rosina Capece – IBM di Luisa Cullé

Il contenuto di questo lungo paragrafo (tranne quello dei *Segreti*) è interamente tratto dal sito:

http://www2.unipr.it/~Padovani/download/rosina_capece.doc.

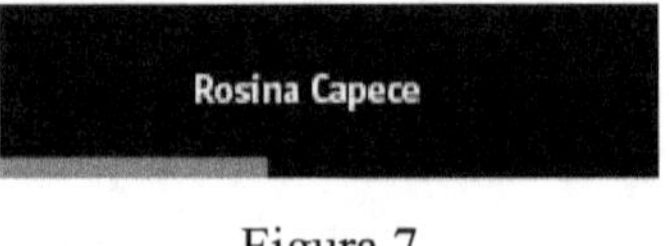

Figura 7

- misure: 234 per 60 pixels;

- dimensioni: 17 Kb;

- posizionamento: top page left;

- animazione: sì, 16 frames, in loop;

- rilevato su: *La Repubblica*.

Elementi di interesse: il banner presenta un'elevata elaborazione del messaggio e, diversamente dai classici "Free Stuff. Click Here!" o dei branding banners, i quali si limitano alla visualizzazione di un logo e poco altro, costruisce un discorso complesso su uno degli aspetti più affascinanti delle nuove tecnologie, ovvero la possibilità di ridefinire il rapporto fra locale e globale, dovuto allo sganciamento dei costi di comunicazione dalle distanze spaziali, tutto ciò ricorrendo a immagini non banali e raccontando una storia esemplare, in grado di colpire l'immaginario culturale del navigatore.

Sebbene composto di un numero di frames esiguo, IBM, grazie ai creativi di Ogilvy Interactive, sembra riuscita ad installare all'interno del banner una breve storia, introducendo una componente narrativa di solito assente in questo format di comunicazione pubblicitaria. Com'è noto le storie generano curiosità ed attesa: due elementi su cui il banner gioca con efficacia per conquistare l'attenzione del lettore.

Il banner Rosina Capece è comparso sulle pagine di *La Repubblica* e *L'Espresso* on line, fra la seconda metà di novembre e la prima metà di dicembre (il banner é stato rilevato il 7 dicembre 1998). Su entrambi i supporti, ha occupato lo spazio in alto a destra della home page, spazio che, come di consueto, nelle pubblicazioni elettroniche del Gruppo Rizzoli è riservato alle inserzioni pubblicitarie. Le sue dimensioni sono quelle di un half banner, 234 x 60 pixel.

La scelta è ricaduta su questo esempio di comunicazione pubblicitaria perché il banner Rosina Capece realizzato per IBM, rispetto agli altri esempi disponibili al momento, presenta una maggiore elaborazione del messaggio. Sebbene infatti composto di un numero di frames esiguo, come è peraltro caratteristica comune dei banners pubblicitari, IBM sembra riuscita ad installarvi una breve storia, introducendo una componente narrativa di solito assente in questo genere di comunicazioni.

Nell'analisi, che ha una chiara impronta semiotica, si è proceduto a scomporre il livello superficiale del testo, a partire dalle sequenze che compongono l'animazione, ciò al fine di evidenziare i vari codici attraverso cui opera l'enunciato. I dati relativi a tale scomposizione sono riportati nella griglia che segue.

Descrizione

Osservando la griglia, emerge in modo abbastanza evidente l'importanza del rapporto cooperativo con il lettore, ottenuto attraverso la sinergia di testo e immagine. Accade infatti che il testo contenuto nelle sequenze 1° e 2°, in assenza di elementi visivi, generi un certo tipo di attese, fondate su di un sapere stereotipo circa le caratteristiche che un/una "titolare di multinazionale deve possedere".

Attese poi smentite dalla 4° sequenza, tanto nella sua componente verbale, quanto in quella visiva. Tale gioco sull'enciclopedia del lettore crea delle incongruenze circa il sapere sul mondo, incongruenze che vengono poi risolte attraverso la 5° e 6° sequenza, in cui viene introdotto il nuovo servizio IBM e riconfigurata la mappa cognitiva del lettore.

Tutto ciò è realizzato attraverso un montaggio dei frames, che ha il ruolo di generare attesa e stimolare l'attenzione. Relativamente al codice cromatico esso sembra assolvere alla funzione di stabilire per IBM un identità visiva distintiva e facilmente riconoscibile. L'opzione per il bianco e nero, su cui spicca il blu, è stata una scelta costante della più recente comunicazione IMB. Su questa ripetizione cromatica si inserisce adesso il rosso del logo e-business. Interessante, inoltre, la presenza su tutti i frames di una banda azzurra in basso a sinistra, richiamo cataforico all'enunciatore IBM, la cui firma comparirà solamente in chiusura.

Sequenza 1

- *descrizione*: in posizione centrale, su sfondo nero, compare la scritta: «Rosina Capece». In basso a sinistra una banda azzurra occupa un terzo e mezzo del banner;
- *codice verbale*: Rosina Capece;
- *codice cromatico*: sfondo nero; carattere bianco; elementi grafici: banda azzurra in basso a sinistra;
- *codice filmico*: inquadratura fissa con stacco netto sulla sequenza successiva.

Sequenza 2

- *descrizione*: su sfondo nero segue la scritta : «Titolare di una multinazionale produttrice di olio di oliva». Banda azzurra in basso a sinistra, come sopra.

- *codice verbale*: titolare di una multinazionale produttrice di olio di oliva;

- *codice cromatico*: sfondo nero; carattere bianco; elementi grafici: banda azzurra in basso a sinistra;

- *codice filmico*: inquadratura fissa con dissolvenza incrociata sulla sequenza successiva.

Sequenza 3

- *descrizione*: una stella attraversa da sinistra a destra lo sfondo, divenuto un cielo notturno, per poi esplodere nelle sembianze di un volto;

- *codice verbale*: //;

- *codice cromatico*: sfondo nero; elementi grafici: stella che emette una luce bianca; banda in basso a sinistra in azzurro;

- *codice filmico*: campo medio con effetto morphing nel passaggio alla sequenza successiva.

Sequenza 4

- *descrizione*: l'esplosione della stella genera, sulla destra, il volto di un'anziana donna; accanto al volto, sulla parte sinistra del banner, compare la scritta: «È nonna di 12 nipoti e non ha mai lasciato il suo paese d'origine».

- *codice verbale*: è nonna di 12 nipoti e non ha mai lasciato il suo paese d'origine;

- *codice cromatico*: sfondo nero; carattere bianco; elementi grafici: stella che emette luce bianca; volto di donna anziana in bianco e nero; banda in basso a sinistra in azzurro;

- *codice filmico*: inquadratura fissa con volto della donna in primo piano. Stacco netto sulla sequenza successiva.

Sequenza 5

- *descrizione*: su sfondo nero compare l'annuncio: «Soluzioni e-business, IBM», accompagnato dal logo e-business, in rosso, sulla destra del banner;

- *codice verbale*: soluzioni e-business IBM;

- *codice cromatico*: sfondo nero; carattere bianco; elementi grafici: logo e-business in rosso-arancio; banda in basso a sinistra in azzurro;

- *codice filmico*: inquadratura fissa con stacco netto sulla sequenza successiva.

Sequenza 6

- *descrizione*: segue il claim «Stai dove sei.Vendi dove vuoi»; il logo e-business rimane nella posizione precedente;
- *codice verbale*: stai dove sei.Vendi dove vuoi;
- *codice cromatico*: sfondo nero; carattere bianco; elementi grafici: logo e-business in rosso arancio; banda in basso a sinistra in azzurro;
- *codice filmico*: inquadratura fissa con stacco netto sulla sequenza successiva.

Sequenza 7

- *descrizione*: appare, infine, la cosiddetta *call to action*: «Clicca qui per saperne di più», seguita dal logo IBM;
- *codice verbale*: clicca qui per saperne di più;
- *codice cromatico*: sfondo nero; carattere bianco; elementi grafici: logo IBM a bande azzurre; banda azzurra in basso a sinistra;

- *codice filmico*: inquadratura fissa con stacco netto sulla sequenza successiva.

Analisi semiotica

Utilizzando lo schema del percorso generativo, la seguente analisi si propone di mettere in evidenza l'articolarsi della significazione ai vari livelli previsti dallo stesso (Marsciani, Zinna 1991).

Livello discorsivo. A livello della componente semantica delle strutture discorsive, si individuano le figure ed i temi che entrano i gioco all'interno dell'enunciato. L'annuncio in questione, figurativizza verbalmente, dal 1° al 2° frame, un particolare personaggio, Rosina Capece, presentata come titolare di una multinazionale produttrice d'olio d'oliva. I temi che si installano nel discorso per via di questa figurativizzazione, in assenza di altri elementi che specifichino ulteriormente, sono i temi della donna in carriera, della competitività economica, dell'internazionalizzazione dei mercati.

A questi argomenti, con le sequenze del 3° frame, si aggiunge il tema del successo, attraverso la metafora della stella, che da piccola diviene via via più grande, fino ad esplodere, dando luogo al volto di un'anziana donna. A questo punto, però, sia gli elementi verbali, sia la componente visiva concorrono alla costruzione di un discorso inverso, introducendo con il volto dell'anziana donna e con il testo che lo accompagna, i temi dell'attaccamento alle origini, della famiglia matri/patriarcale e dell'ambiente contadino. Nell'annuncio vengono dunque sviluppati due discorsi contrapposti, un discorso che potremmo generalizzare come discorso della/sulla modernità (o anche della/sulla globalizzazione) ed un discorso dell'arretratezza e del radicamento territoriale.

Con il 5° frame la comunicazione viene riportata nei termini tipici del discorso pubblicitario, introducendo il destinante della comunicazione, con l'apparizione del marchio IBM e la sua proposta per il commercio elettronico, condensata dal claim «Stai dove sei. Vendi dove vuoi». Chiude poi l'annuncio, l'invito a raggiungere il sito IBM per conoscere più approfonditamente quanto nel banner, per ovvie ragioni di spazio, è stato molto sinteticamente accennato.

SEGRETO n. 20: analizzare i banner a livello discorsivo, individuando le figure e i temi che entrano in gioco all'interno dell'enunciato.

Livello semionarrativo. A livello semionarrativo individuiamo un soggetto S1 (Rosina Capece) rappresentato in stato di congiunzione con l'oggetto di valore O2 (penetrazione dei mercati internazionali): **EN:** (S1:Rosina Capece ∩ O2: internazionalizzazione del business).

Il punto di vista sull'azione pone in evidenza lo stato terminativo di un processo presupposto, che tuttavia è possibile disimplicare. Dal momento in cui un soggetto ci è stato presentato come realizzato (cioè in possesso dell'oggetto di valore), si può ipotizzare uno stadio a monte, in cui il soggetto non era congiunto con l'oggetto di valore, probabilmente a causa di alcune condizioni avverse; si può quindi pensare uno stadio successivo, in cui, grazie alla consulenza IBM, il soggetto S1, integra la sua competenza, e supera gli ostacoli che ne impedivano la realizzazione secondo questa sequenza di enunciati narrativi:

EN1: (S1: Rosina Capece $\cup$ O1: mercati internazionali);

EN2: S2: Ibm $\Rightarrow$ (S1: Rosina Capece $\cap$ O2: soluzioni e-business);

EN3: (S1: Rosina Capece $\cap$ O1: mercati internazionali).

Il ruolo di IBM, a livello delle strutture attanziali, è dunque quello di un aiutante che interviene sulla competenza del soggetto, consentendogli di compiere la trasformazione congiuntiva con l'oggetto-valore. Il ruolo attanziale di IBM può essere, dunque, descritto con il seguente schema (Codeluppi 1997):

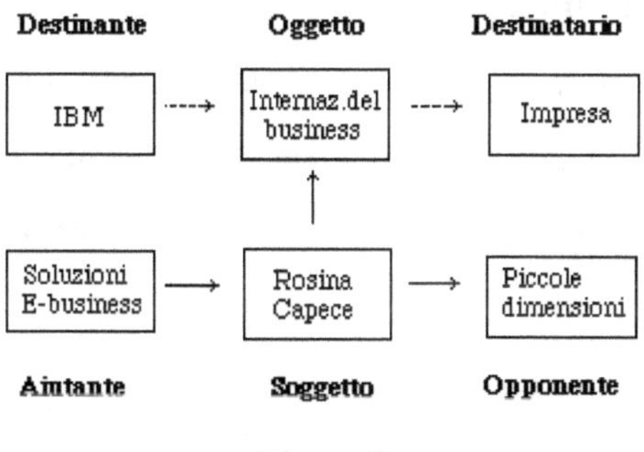

Figura 8

La competenza del soggetto, completa se si considerano il *saper/poter fare* legati alla produzione, è invece incompleta per ciò che concerne il *saper/poter agire* in modo commercialmente efficace. Tuttavia il gioco sulla competenza si presenta più complesso e rilevante anche al livello più superficiale del testo, dove, facendo leva sul luogo comune, si crea una sorta di contraddizione o incongruenza tra quanto viene predicato sul soggetto nei primi due frames del banner e quanto viene invece affermato dello stesso nei frames successivi.

Il soggetto S1, stando a quanto ci viene detto di lui in un primo momento, è un individuo che il sapere comune induce ad interpretare come colui che agisce secondo un poter fare (ovvero un poter agire in modo commercialmente efficace). Ciò è dovuto al tipo di configurazione discorsiva attivata dal tema "donna manager". Va da sé, però, che quanto affermato sul medesimo soggetto, alcuni frames dopo discorda con questa configurazione e tematizza un individuo secondo un non potere (come potrebbe infatti Rosina, non avendo studiato, non avendo mai viaggiato, e per di più così anziana, essere la titolare di una multinazionale?).

Tuttavia, grazie ad IBM e alle sue soluzioni tecnologiche, ciò che appare impossibile è realizzabile, il vincolo della localizzazione territoriale e delle piccole dimensioni dell'impresa familiare possono essere annullati e quelle caratteristiche che potevano costituire un handicap per l'azienda, possono trasformarsi in un plus per il prodotto, la cui naturalezza e genuinità sono garantite proprio dall'artigianalità della sua produzione.

In un secondo momento, dunque, quel soggetto che ci era sembrato inadeguato rispetto al ruolo tematico affidatogli dalla predicazione, potrà essere riletto come depositario di saper fare che discende direttamente dalla tradizione e dalle condizioni ambientali e climatiche caratteristiche del luogo d'origine. I valori legati alla tradizione e l'attaccamento alla terra, che avevamo individuato come potenzialmente conflittuali con i valori implicati dalla prima configurazione attivata, nel mondo IBM risultano conciliati.

L'opposizione fra la prima configurazione, articolazione a livello discorsivo del valore "modernità", e la seconda, articolazione a livello discorsivo del valore "tradizione" può essere rappresentata come segue:

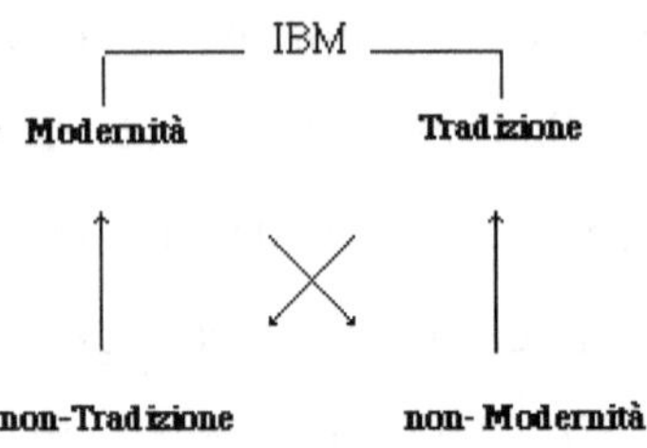

Figura 9

La posizione occupata da IBM è dunque una posizione complessa che coniuga i termini contrari articolati dal quadrato semiotico (Marsciani, Zinna 1991). La seconda opposizione che è possibile individuare, vede poi contrapposti i valori locale e globale:

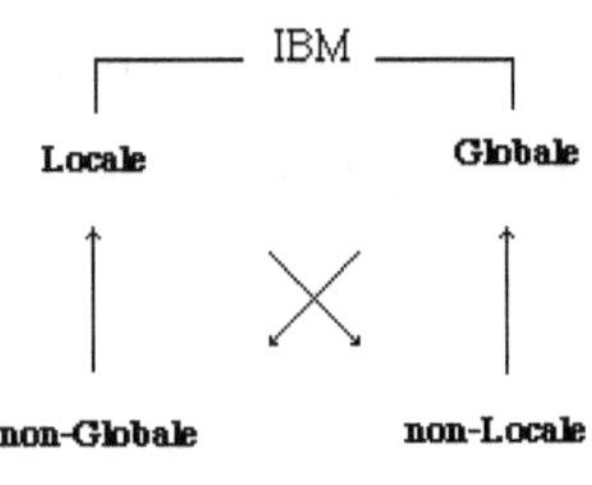

Figura 10

Anche in questo caso, i due termini contrari sono conciliati nell'universo valoriale del marchio, il cui messaggio sembra presentarsi come una variante del famoso motto post-moderno: «Act local think global».

Conclusioni

L'analisi semiotica fin qui condotta, per quanto presenti una certa complessità, consente di smontare il prodotto di comunicazione in ogni sua parte (cromatica, visiva, narrativa etc.), mostrando il meccanismo attraverso cui produce significazione. Il banner qui esaminato, diversamente dai classici «Free Stuff. Click Here!» o dei branding banners, i quali si limitano alla visualizzazione di un logo e poco altro, costruisce un discorso complesso su uno degli aspetti più affascinanti delle nuove tecnologie, ovvero la possibilità di ridefinire il rapporto fra locale e globale, dovuto allo sganciamento dei costi di comunicazione dalle distanze spaziali, tutto ciò ricorrendo ad immagini non banali e raccontando una storia esemplare, in grado di colpire l'immaginario culturale del navigatore.

SEGRETO n. 21: analizzare i banner a livello semionarrativo, individuando la struttura "Destinante/Oggetto/Destinatario" e

"Aiutante/Soggetto/Opponente" per poi poter definire i valori locali e globali.

SEGRETO n. 22: colpire l'immaginario culturale del navigatore, ricorrendo a immagini non banali.

Ecco un esempio di banner con queste caratteristiche:

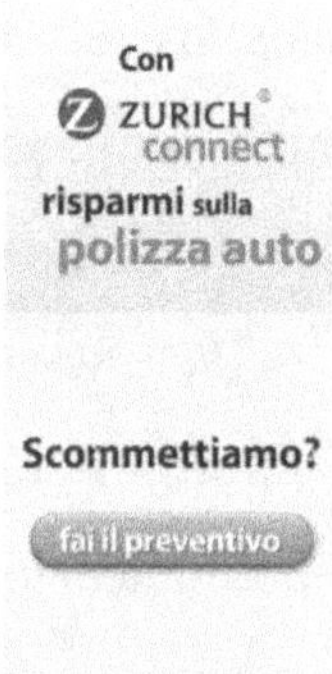

(Fonte già reperibile al seguente indirizzo web: www.virgilio.it)

RIEPILOGO DEL GIORNO 3:

- SEGRETO n. 18: la funzione svolta dal banner è quella di segnalare e indirizzare il link a un sito; sarà poi la pagina di pay-off a costituire l'ultimo gradino prima della congiunzione con l'oggetto materiale o il servizio.

- SEGRETO n. 19: per riconoscere le caratteristiche visive o sonore che costituiscono l'estetica di una marca si utilizza il metodo della commutazione: a un cambiamento sul piano dell'espressione (*significante*) corrisponde un cambiamento sul piano del contenuto (*significato*). Saremo così in grado di analizzare il banner come risultante di una produzione segnica.

- SEGRETO n. 20: analizzare i banner a livello discorsivo, individuando le figure e i temi che entrano in gioco all'interno dell'enunciato.

- SEGRETO n. 21: analizzare i banner a livello semionarrativo, individuando la struttura "Destinante/Oggetto/Destinatario" e "Aiutante/Soggetto/Opponente" per poi poter definire i valori locali e globali.

- SEGRETO n. 22: colpire l'immaginario culturale del navigatore, ricorrendo a immagini non banali.

GIORNO 4:

Come scegliere il formato di maggior impatto per le tue campagne web

Come analizzare la pubblicità nel web

Le pagine che seguono propongono un'analisi dei tratti invarianti della comunicazione pubblicitaria nel web attraverso i banner, per riconoscerne le caratteristiche principali. L'analisi verterà sulle invarianti dei due piani dell'espressione e del contenuto, sulle rispettive forme, lavorando sulle utilizzazioni dei formati, le composizioni plastiche, i rapporti che queste "vetrine" stabiliscono tra il testo e l'immagine e il discorso sviluppato dai banner. Espressione e contenuto vengono a sostituire i concetti di *significante* e *significato* usati De Saussure per indicare le due facce di cui risulta composto il segno.

Pertanto, la prima analisi cui sottoporre un oggetto che si ipotizza essere il linguaggio è la partizione in piano dell'espressione e del contenuto. Questo rapporto tra espressione e contenuto è una relazione che prende il nome di *denotazione*. (Marsciani, Zinna 1991). Cercheremo, infine, di individuare la strategia enunciativa di tale mezzo pubblicitario nei confronti del suo target, analizzando il modo particolare in cui vengono utilizzate le relazioni tra testi e visual, così come i tipi di spazializzazione di questi ultimi.

Analisi dei banner

I banner possono essere considerati come degli annunci pubblicitari. Infatti, l'acquisto di uno spazio pubblicitario su una pagina in rete presenta caratteristiche simili a quelle dell'acquisto di un riquadro sulla pagina di un giornale o di una rivista cartacea, con l'unica eccezione che qui sembrerebbe avere ben poco senso l'acquisto di una pagina intera (Ferraro 1999).

Se questa differenza può apparire secondaria, si dovrebbe forse riflettere sul fatto che essa deriva da una questione più strutturale. Le pagine di una rivista di carta sono rilegate insieme, sono poste in una sequenza che corrisponde all'ordine in cui vengono sfogliate. Se anche su internet si parla di *pagine*, queste rappresentano però unità che hanno tra loro una minore solidità, tanto che il passaggio sequenziale da una pagina alla successiva non può qui essere ovvio e istintivo, ma deve essere esplicitamente giustificato. E così, mentre nella rivista una pagina è sentita come un frammento di un tutto, su internet la pagina tende ad avere una sua distinta autonomia.

Così, mentre su una rivista stampata si può tanto acquistare uno spazio dentro una pagina o una pagina dentro la rivista, su internet pare avere in pratica senso solo acquistare uno spazio all'interno di una pagina, e non una pagina all'interno di un sito. Pertanto, la dipendenza dell'annuncio rispetto al contesto è dunque qui, in prima istanza, più stretta e più forte di quanto non sia in una pubblicità su carta.

Tali spazi pubblicitari assumono così forme e misure che ricordano quelle dei "moduli" degli annunci economici sui giornali: rettangoli di ridotte dimensioni, posti magari ai lati del titolo, oppure collocati di lato, di fianco al testo. Questi spazi ritagliati sulla pagina vengono denominati *banner*, parola che equivale in italiano a termini come *stendardi* o *striscioni*. Un banner può contenere semplicemente il nome o il logo dell'azienda, oppure un riferimento a un prodotto, magari una semplice immagine accompagnata da uno slogan, o anche tutte queste cose assieme. Se la quantità di informazioni stipate in un piccolo spazio può stupire, bisogna tenere presente che nella maggior parte dei casi il banner fa muovere il suo contenuto, nel senso che si tratta di forme molto semplici di animazioni.

La possibilità di usare animazioni grafiche apre la strada, com'è facile immaginare, a tutta una serie di invenzioni più o meno efficaci o argute, comunque capaci di attirare l'attenzione e l'interesse in misura significativamente superiore. Tecnicamente si tratta, come nel caso dei cartoni animati, di sequenze di immagini fisse, caratterizzate dalla possibilità di temporizzare i momenti di passaggio da un'immagine alla seguente.

È tecnicamente possibile impiegare il *meccanismo del loop*, cioè delle ripetizioni, in modo che il movimento dell'animazione sia reiterato un certo numero di volte, anche indefinitivamente (d'altro canto, un'animazione priva di loop rischia di non essere vista dall'utente, se questi non sta guardando nel momento in cui l'animazione si svolge).

Le animazioni consentono, ovviamente, l'introduzione di semplici indici di attenzione, come frecce o dita puntate, testi lampeggianti, effetti curiosi. Sono diffusi anche effetti cinematografici, come la comparsa e la scomparsa di immagini e testi per dissolvenza.

Si tratta insomma, nei termini definiti più sopra, di effetti che generano una comunicazione definita *fàtica* (per Roman Jakobson la comunicazione è un rapporto sociale, indipendentemente dalla rilevanza dei suoi contenuti). Se è possibile pensare a un atto di comunicazione il cui scopo primario non è trasmettere informazioni ma mantenere vivo il rapporto comunicativo in quanto tale, è a maggior ragione possibile individuare una componente fàtica in moltissime azioni comunicative.

In pubblicità, la funzione fàtica è assolutamente basilare. Ci possono però essere altri tipi di impieghi. Tra le utilizzazioni interessanti c'è, ad esempio, quella di costruire annunci multilingue, in cui un testo molto semplicemente compare alternativamente in lingue diverse. Ma l'animazione si presenta per realizzazioni testuali più complesse, che sviluppano in qualche modo qualcuno dei modelli argomentativi tipici della retorica pubblicitaria. Ad esempio, la sequenza può iniziare proponendo una domanda o un'esigenza, riproponendo magari esplicitamente quello che si sa essere un bisogno o una richiesta diffusi, e dopo questo fare intervenire la risposta, che si conclude ovviamente sul nome del prodotto o del servizio offerto.

Nelle animazioni possono comparire volti di persone accompagnati ciascuno da una breve frase, riproponendo il meccanismo del testimonial, o si possono avere anche argomentazioni più complesse, sostenute da elementi grafici come istogrammi animati. Alcune lunghe animazioni testuali fanno addirittura scorrere in modo originale un testo che racconta una storia, più o meno arguta, che conclude ovviamente sul nome del prodotto o della marca. Basta già soffermarci su questi esempi per constatare che il banner non riproduce le caratteristiche di un medium, ma combina caratteristiche di più media.

SEGRETO n. 23: il banner efficace racchiude in sé le peculiarità e i messaggi di più media.

Altri impieghi possibili dei banner vanno anche al di là di quanto si sia potuto vedere su altri media. Un fenomeno interessante è la condivisione di un medesimo spazio tra inserzionisti diversi, cosa che può essere attuata in varie forme.

Si parte dalla possibilità di sostituzione temporizzata degli annunci, che si alternano nel medesimo spazio, si passa per forme più complesse di alternanza, per cui l'annuncio cambia ogni volta che il medesimo utente passa per quella pagina, e si arriva ai casi più raffinati in cui l'annuncio viene introdotto nel momento stesso in cui l'utente richiede la pagina, selezionandolo appositamente sulle caratteristiche già note del destinatario (questo ovviamente diventa sempre più possibile in quanto si può usufruire di archivi con informazioni dettagliate su un alto numero di utenti della rete).

Infine – cosa ben più rara in altre forme di pubblicità – può avere senso comporre annunci ciechi, cioè privi del nome dell'azienda, contenenti magari un testo allusivo destinato a incuriosire, o un'immagine del tipo di prodotto o di settore d'attività in cui l'azienda opera. Questo ha senso perché, se già alcune di queste opportunità allontanano i banner dai loro apparenti omologhi in uso sulla carta stampata, il punto di fondamentale differenziazione consiste nel fatto che, nella maggior parte dei casi, i banner costituiscono non solo elementi grafici ma pulsanti attivi (*link*: termine inglese utilizzato in ambito informatico per indicare un collegamento fra un documento e l'altro, fatto che si realizza con apposito comando HTML: <A HREF="documentopuntato">etichetta</A>). In altre parole, si può fare click su di essi, e aprire in questo modo la pagina relativa.

Piano espressivo

Ciò che costituisce di primo acchito la particolarità di questi "annunci" è che essi trovano la loro forza e la loro identità nell'utilizzazione delle qualità visive della pagina web. L'ortogonalità dovuta all'incolonnamento e ai titoli, l'aspetto cromatico dei font e il percorso orientato dello sguardo che propone la lettura, sono oggetto di riflessione e utilizzati come dei veri e propri materiali. Essi costituiscono la sostanza dell'espressione di questa comunicazione, ovvero il materiale sensibile, visivo in questo caso, che è trattato attraverso una forma, un certo modo invariante di selezionare e di disporre le cose, e che, permette a questa forma di manifestarsi. I formati sono sempre definiti da un bordo solitamente di colore nero e dalla presenza di caratteri molto grandi: ciò rappresenta uno degli elementi di comunicazione pubblicitaria attraverso i banner.

SEGRETO n. 24: le proporzioni e le sproporzioni diventano un mezzo di espressione. L'elemento grafico diventa determinante perché un banner colpisca l'attenzione, cosa che si ottiene attraverso il passaggio dal banner statico a quello animato, che, più facilmente cattura l'occhio del visitatore.

SEGRETO n. 25: i banner animati generano in media un tasso di click-through più alto del 15% rispetto ai banners statici, con picchi del 40%.

«È inoltre assodato che la pubblicità complessa, strutturata non solo per il movimento ma anche per fondere suoni con gli effetti video e per consentire un'interazione già nel momento dell'advertising, ha un forte effetto di branding (capacità di mantenere o migliorare l'immagine percepita dal consumatore di una determinata marca) rispetto alla pubblicità statica e tradizionale del web, come dimostra lo studio *The Rich Media I Advertising Program*. La performance di questo tipo di pubblicità "da banda larga", come viene chiamata dal momento che la ricchezza della comunicazione si traduce in spazio-byte occupato, supera del 30% quella della pubblicità tradizionale "a banda stretta". Gli utenti che hanno deciso per il click-through hanno speso tra i trenta secondi e i cinque minuti interagendo con la pubblicità, riducendo perciò il costo per branding impression.» (http://www.aldobattista.it:80/altri/014banner.htm)

Resta da considerare che dove è presente la "banda stretta", l'effetto indesiderato del banner animato può essere il tempo di attesa per il download, se questo occupa troppo spazio in termini di bytes. I pubblicitari consigliano l'animazione, ma anche di usarla in modo moderato per non stancare il visitatore durante l'attesa.

Anche la dimensione in pixel del messaggio ha delle conseguenze importanti sul suo impatto grafico, oltre che sulla velocità di download, tanto che inizialmente si riteneva il banner incapace di avere una grande efficacia, per le sue limitate dimensioni e quindi l'inferiore capacità di catturare lo sguardo del navigante: probabilmente questa opinione era collegata al fatto che si confrontava la capacità intrusiva del banner con quella della pubblicità televisiva, molto più complessa, piuttosto che con la pubblicità su carta stampata, alla quale si avvicina molto di più.

Rielaborando quanto detto in http://www.aldobattista.it:80/altri/014banner.htm, possiamo riconoscere alcune dimensioni standard (www.aib.it) per il banner, affermatesi rispetto alle altre nella pratica per la loro maggiore efficacia e che riportiamo qui di seguito (*legenda*: 000 difficilmente utilizzato - 000 poco utilizzato - 000 molto utilizzato):

- 468x60 pixel (full banner o banner classico 000)

Figura 11

- 392 x 72 pixel (full banner with vertical navigation bar o banner pieno 000)

Figura 12

- 234 x 60 pixel (half banner o mezzo banner 000)

Figura 13

- 120 x 240 pixel (vertical banner o banner verticale 000)

Figura 14

- 120 x 90 pixel (button 1 000)

Figura 15

- 120x60 pixel (button 2 000)

Figura 16

- 125x125 pixel (square button o button quadrato 000)

Figura 17

- 88x31pixel (micro button )

Figura 18

«Le dimensioni di un banner possono essere analizzate sotto due diversi punti di vista: il primo riguarda l'*impatto visivo* […]; il secondo invece attiene alle dimensioni in termini di bytes, che sono particolarmente critiche dal momento che, meno il visitatore attende per visualizzare il messaggio pubblicitario, più facile sarà che egli gli presti attenzione.»
(http://www.aldobattista.it:80/altri/014banner.htm).

Il sito di Four Corners, (http://www.bannertips.com), il quale si occupa di studiare i banners e la loro efficacia, ha eseguito un interessante esperimento in merito: sono stati esposti, nell'arco dello stesso mese, sei banners identici per quanto riguarda l'aspetto e le dimensioni in termini di pixel, ma con diverse dimensioni in termini di bytes e quindi di velocità di download. Riportiamo qui di seguito il banner in questione (le dimensioni dei files sono evidenziati nella Figura 20):

Figura 19

Ne è stata poi misurata l'efficacia attraverso il tasso di click-through per esposizione, con i seguenti risultati:

DIMENSIONI DEL FILE	CTR DEL FILE
1) 2477 btyes	CTR = 2.60%
2) 5161 bytes	CTR = 2.32%
3) 6630 bytes	CTR = 1.35%
4) 7422 bytes	CTR = 1.29%
5) 9742 bytes	CTR = 1.18%
6) 10149 bytes	CTR = 1.12%

Figura 20 (fonte: http://www.bannertips.com)

Si è dimostrato in questo modo che nel caso analizzato esiste una relazione, riportata qui di seguito, tra il tasso di click-through e le dimensioni in bytes del banner:

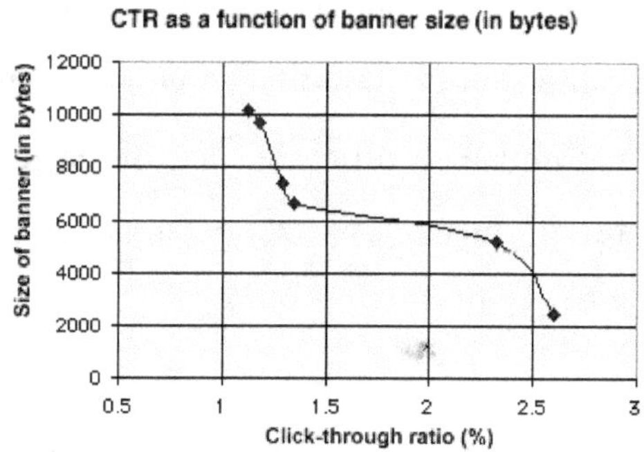

Figura 21 (fonte: http://www.bannertips.com)

SEGRETO n. 26: minori sono le dimensioni del banner, maggiore è il tasso di click-through.

Secondo Four Corners, inoltre, dall'analisi della curva risulta che la dimensione ideale del banner non dovrebbe superare i sei kilobytes: sopra questa dimensione il tasso di click-through si riduce più velocemente.

Per quanto riguarda il messaggio celebre è l'affermazione di Marshall McLuhan: «Il mezzo è il messaggio» (McLuhan 1986). Questo significa, semplicemente, che le conseguenze individuali e sociali di ogni medium, cioè di ogni estensione di noi stessi, derivano dalle nuove proporzioni introdotte nella nostra situazione personale da ognuna di tali estensioni o da ogni nuova tecnologia. Pertanto non è l'importanza contenutistica del media utilizzato a determinare l'efficacia del messaggio, tanto che paradossalmente il mezzo potrebbe considerarsi addirittura soverchiante rispetto allo stesso.

Tuttavia c'è chi sostiene che, nonostante essere in rete possa creare forti aspettative di guadagno, gli scarsi risultati sono dovuti proprio al fatto che, in fondo, *il messaggio è il messaggio*. Il www non è cioè sufficiente, da solo, a creare prospettive profittevoli per gli advertisers e forse finora non sono state trovate le giuste modalità di comunicazione. Per questo motivo diventa essenziale aggiornare la capacità comunicativa. In questo paragrafo si cercherà appunto di comprendere qual è in questo momento il messaggio ideale per il *banner-ad* e di valutarne le caratteristiche.

SEGRETO n. 27: il messaggio riportato in un banner deve innanzitutto essere breve.

Ecco un esempio di banner con messaggio breve:

(Fonte già reperibile al seguente sito web, www.libero.it)

Questo a causa della necessaria velocità di download richiesta, la quale porta con sé anche la necessità di una dimensione ridotta del file: il banner infatti è spesso il primo oggetto a essere visualizzato nella pagina del publisher e non è conveniente creare tempi d'attesa troppo lunghi, perché ciò comporterebbe un effetto delusione.

La brevità non è tuttavia riconducibile a un solo problema di download o di spazio, ma soprattutto al fatto che il messaggio deve essere estremamente incisivo, e questo sembra logico dato il tempo limitato durante il quale il messaggio è oggetto d'attenzione da parte del navigante, generalmente impegnato a ricercare dell'altro nel sito. I banner più incisivi riportano pertanto messaggi semplici e concisi. Di particolare efficacia sono i messaggi che richiamano il visitatore all'azione (*click here!*), oppure suggeriscono una situazione di urgenza (*last chance!*), o ancora quelli che promettono un qualche tipo di servizio gratuito, riportando la parola *free*.

SEGRETO n. 28: il banner-ad cerca generalmente di colpire il navigante nel suo punto debole, cioè i suoi interessi personali.

Questo si ottiene non solo posizionando il banner in pagine web dal contenuto conforme al messaggio, ma addirittura, all'opposto, cercando di conformare lo stesso agli interessi del maggior numero possibile di naviganti che visitino la pagina dove il banner è stato posizionato.

Altro elemento utilizzato è il *posizionamento nella pagina*. Innanzitutto il banner per farsi notare deve trovarsi in una posizione adeguata all'interno della pagina. È per questo che gli advertisers si aspettano in genere che il banner venga pubblicato al top della pagina, e spesso anche che venga ripetuto alla fine della stessa. Questo perché si ritiene che queste due posizioni siano le più adeguate ad attirare l'attenzione.

Uno studio condotto da ricercatori dell'Università del Michigan sul legame tra il tasso di click-through e la posizione del banner nel monitor quando la pagina viene caricata dimostra che i banner pubblicati vicino alla barra di scorrimento in basso a destra nel monitor (caso A) producono un tasso di click through più alto del 228% rispetto ai banners piazzati al top della pagina (caso B).

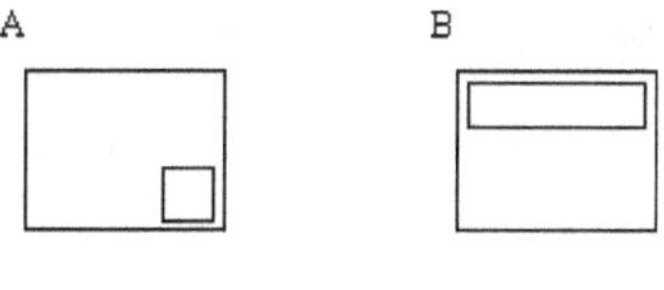

Figura 22

Ciò indica il percorso orientato dello sguardo proposto nella lettura di una pagina, ossia il privilegio dato dall'orizzontalità e la messa in tensione di questo asse, da sinistra verso destra nella nostra cultura. L'opposizione sinistra verso destra non serve solamente, attraverso la sua messa in tensione, a esprimere la narrazione del movimento. Essa propone anche una simmetrizzazione dello spazio dell'annuncio e, attraverso questa, l'espressione topologica di un confronto. Si tratta di una vecchia, ma ancora attuale, utilizzazione semisimbolica dello spazio. Nella maggior parte dei casi, l'opposizione raffigurata è quella delle ideologie, se non dei partiti.

Banner: una forma di espressione classica

È la struttura grafica dell'annuncio, la sua concezione generale che determina le proporzioni, le disposizioni e i ritmi. Tale organizzazione della forma, nella misura in cui viene preferita ad altre e ripetuta per ogni nuovo tipo di banner, diviene un'identità visiva e quindi una caratteristica generale di questa particolare forma di pubblicità.

Quali sono, allora, i tratti di identità tipici di questa forma di advertisement che permettono di riconoscerlo da altri? Diremo che è la sua forma classica, riferendoci allo studio dello storico dell'arte H. Wolfflin (Wolfflin 1946) nel quale identifica cinque tratti tipici della visione classica, in opposizione con la visione barocca.

- *Prima categoria: lineare vs pittorico*. Nello stile lineare, che corrisponde alla visione classica, le cose sono viste in termini di linee, di delimitazioni, mentre nello stile pittorico – che corrisponde al Barocco – esse sono recepite e apprezzate in termini di massa. La visione classica plastica si fonda sui contorni e isola gli oggetti. Per l'occhio barocco, al contrario, gli oggetti si susseguono: «Da un lato, si è in presenza di una struttura stabile, dall'altro, di un'apparizione mutevole». Il Barocco vigila affinché le forme s'intreccino e si confondano; il Classico tende a una presa frazionata del mondo dei corpi e privilegia le forme pure, vere e palpabili. H. Wolfflin ripete spesso nella propria opera come il Classico esalti i valori tattili e il Barocco i valori visivi.

- *Seconda categoria: piano vs profondo.* La seconda categoria riguarda la rappresentazione dello spazio. Il Classico preferisce una presentazione in piani distinti e frontali rispetto a chi guarda. Il Barocco opta per una rappresentazione in profondità. La disposizione in piani è legata allo stile lineare, poiché ogni linea-contorno dipende da un piano. La rappresentazione barocca dello spazio si sforza invece di provocare un movimento dello sguardo da avanti a dietro, di evitare la presenza di figure fianco a fianco e il parallelismo dei piani. Essa chiede «di assorbire tutta la profondità e lo spazio in un solo respiro, come una realtà unica». Per questo privilegia la diagonale e la brusca riduzione delle grandezze dovuta alla prossimità immediata dei punti di vista.

- *Terza categoria: forma chiusa vs forma aperta.* Classico e Barocco si oppongono anche per quanto riguarda il rapporto che le rispettive composizioni hanno con la cornice. Nella visione classica «i bordi della cornice e gli angoli vengono studiati nei loro rapporti e trovano una risonanza in tutta la composizione»; nella visione barocca, «niente deve lasciare supporre che la composizione è stata concepita precisamente per entrare nella cornice del quadro». Una forma *atettonica* cercherà di produrre un effetto di separazione di un frammento del mondo intravisto per un instante. La forma classica, *tettonica*, cercherà al contrario, attraverso dei giochi di simmetria, il parallelismo o ancora, attraverso dei contrasti formali, il sicuro appoggio delle figure sulla cornice.

- *Quarta categoria: molteplicità vs unità*. Molteplicità e unità o, più esattamente, unità multipla e unità indivisibile. Davanti a una composizione classica «si è in presenza di un tutto articolato dove ogni parte, che resta distinta, ha un proprio linguaggio, ma si accorda tuttavia all'insieme, proclama il suo legame alla totalità formale». Caratteristica del Barocco, invece, è di creare «un'unità assoluta dove ogni parte ha perduto il diritto particolare all'esistenza». Il Barocco mette in evidenza un motivo dominante al quale tutto è subordinato.

Anche qui l'effetto di senso cercato è l'istante e non più il dispiegamento nella durata.

- *Quinta categoria: chiarezza vs oscurità.* Naturalmente Wolfflin sa – e lo ricorda fin dall'inizio – che «ogni epoca esige che la propria arte sia chiara». Ciò nonostante, egli ricorre a un'opposizione tra chiarezza classica e oscurità barocca. «Per l'arte classica non c'è bellezza se la forma non si rivela nella sua totalità. Per l'arte barocca, invece, la chiarezza assoluta s'oscura, anche quando l'artista tenta di rendere una realtà materiale nella sua interezza. L'immagine non coincide con la piena chiarezza dell'oggetto, ma se ne allontana. La chiarezza relativa al Barocco gode di un privilegio d'irrazionale.» Essa non assicura più una copertura esatta della luce e del modellato, ma arriva fino alla contraddizione tra la forma e la luce: una luce di cielo tempestoso proiettata sul suolo dove si riflette in macchie isolate, dei raggi che cadono dall'alto di una chiesa e vengono a infrangersi contro le pareti e le colonne. Il Classico si attiene a un modo di presentazione dove «la forma, chiaramente dispiegata, porta il sigillo del definitivo e non lascia posto ad alcun dubbio».

VERSIONE CLASSICA		VERSIONE BAROCCA
Lineare Linea-contorno significante	Vs	*Pittorico* Linea semplice elemento di tratteggio
Piano Divisione dello spazio in zone parallele	Vs	*Profondo* Movimento che trascina ogni cosa in profondità
Forma chiusa L'organizzazione plastica tiene conto delle qualità del formato	Vs	*Forma aperta* La forma (il formato) sembra fortuita
Molteplicità Una (relativa) autonomia è accordata alle diverse parti	Vs	*Unità* Ogni parte perde il diritto a una esistenza autonoma
Chiarezza La sua forma si rivela nella sua totalità	Vs	*Oscurità* La luce non coincide con la forma dell'oggetto

Tabella 1

Dopo questo breve excursus della concezione di H. Wolfflin possiamo affermare che la tipologia di tali annunci prende in considerazione le qualità del formato rettangolare. Tale formato è definito da un bordo ben riconoscibile. Le varianti, rispetto al quadro affermato e sfruttato nelle sue qualità plastiche, divengono di colpo un evento visivo eccezionale e perciò riservato agli annunci di una pubblicazione particolare.

La ripartizione dello spazio poggia dunque su dei parallelismi e delle ortogonalità, o sull'attenzione portata alla valorizzazione degli angoli del quadrato. I visual e i corpi del testo sono essi stessi spesso iscritti in un quadrato. Altre dimensioni del *pensiero lineare*, che privilegia le delimitazioni e le discontinuità, sono le frequenti separazioni fra testo e immagine. Di *classico*, tale tipo di comunicazione pubblicitaria ha anche il fatto di gestire molteplicità del disegno (immagine), una relativa autonomia dei diversi elementi.

Ecco alcuni esempi di espressione classica nei banner:

Figura 23

Figura 24

Figura 25

Figura 26

Con ciò, non vogliamo affermare che tutti i banner presenti in rete sono di espressione classica. Esistono numerosi esempi di stile barocco, che riproducono immagini in profondità o la «messa in prossimità immediata dei punti di vista» (Floch 2000). Quello che deve essere osservato è il modo in cui l'annuncio determina un visual che è barocco nell'espressione o nel contenuto.

Esempi di stile barocco possono essere:

Figura 27

Figura 28

Figura 29

La forma del contenuto

Parliamo ora della *forma del contenuto*. La forma del contenuto è quanto informa del senso. Sono le invarianti del *messaggio* che ne garantiscono la permanenza e l'identità. I discorsi sono dunque delle variabili di realizzazione: essi costituiscono la *sostanza del contenuto* del linguaggio dei banner. La varietà di tale comunicazione pubblicitaria non permette un'analisi empirica sul contenuto del messaggio. Lo sforzo che ci poniamo qui è quello di trovare una categoria significativa che possa racchiudere il significato esplicito e implicito di questi "annunci" all'interno di uno schema narrativo. La categoria alla quale facciamo riferimento è *attenzione vs indifferenza*: essa indica la capacità dell'annuncio di stimolare interesse e quindi condurre il surfer a cliccare sul banner.

Messaggi come *clicca qui, tutto gratis, acquistare on line è più facile* stanno a indicare la correttezza della tipologia alla quale facciamo riferimento. Un banner deve essere chiaro e diretto. Per questo il messaggio deve essere chiaro e soprattutto diretto: è preferibile quindi un conciso «Pesce fresco!» invece di un «Da noi trovi pesce appena pescato direttamente dal Mar dei Caraibi».

SEGRETO n. 29: dobbiamo riuscire a collocare il nostro messaggio pubblicitario all'interno della categoria *attenzione vs indifferenza*, con la finalità di catturare l'attenzione dell'utente, esprimendo concetti semplici ma accattivanti nei pochi istanti in cui la visuale sfiora il nostro banner.

Una delle novità più interessanti relative alla pubblicità interattiva è legata alla fase creativa: il messaggio è mirato a uno specifico fruitore e non a uno spettatore medio, poiché internet permette una tale personalizzazione da individuare direttamente il target in base alle preferenze degli utenti.

In un messaggio pubblicitario si possono distinguere tre aspetti (http://www.ips.it/scuola/concorso_99/consorzio/tecniche_pubblicitarie.htm):

- la sorpresa;
- la comunicazione;
- la persuasione.

La sorpresa

Le tecniche per attirare l'attenzione del pubblico possono essere di tipo verbale, visivo o auditivo, e in tutti e tre i casi la sorpresa avviene quando c'è una novità o un'infrazione rispetto alla normalità. Per quanto riguarda il livello verbale, si utilizza la funzione *metalinguistica* (è propria dei testi e dei messaggi in cui la lingua viene usata per spiegare e analizzare se stessa o un'altra lingua assunta come oggetto. Testi a dominante funzione metalinguistica sono, perciò, i testi di grammatica e i dizionari, ma è molto frequente anche nei testi scolastici e nei testi divulgativi) e *poetica* (che è usata quando si vuole comunicare qualcosa arricchendo il messaggio di effetti speciali, cioè di un sovrappiù di valori stilistico-espressivi, sia a livello di significato che di significante, in modo da ottenere, anche attraverso la scelta e la disposizione delle parole nella frase, particolari effetti ritmici e suggestioni musicali).

Incentrata sul messaggio, la funzione poetica sfrutta le possibilità della lingua di evocare una rete di immagini, di valori, di emozioni, di sensazioni e di ideali fra loro connessi sia sul piano del significato – temi, contenuti ecc. – sia su quello del significante – timbro, ritmo, metro ecc. Si manifesta in tutta la sua compiutezza nelle opere poetiche, ma anche nei testi in cui l'emittente pone l'accento sulla forma del testo: sceglie, cioè, le parole da utilizzare anche per il loro valore suggestivo-evocativo, le usa in senso figurato anziché letterale, le distribuisce in modo da sfruttare le loro componenti musicali – rime, assonanze ecc – (si pensi alle canzoni e ai proverbi).

Questa funzione è, infine, presente nei testi pubblicitari che mirano a coinvolgere il destinatario mediante vari espedienti formali (figure retoriche, ripetizioni di suoni, impiego di versi, parole ed espressioni fortemente connotative), quasi mai quella *persuasiva* (è usata nella lingua per convincere il destinatario di qualcosa o per ottenere da lui un determinato comportamento; è caratterizzata dall'uso della seconda persona e dall'imperativo). Lo scopo di persuadere può essere raggiunto indirettamente quando non si ricorre a un ordine ben preciso per evitare un risultato controproducente.

Si usa la funzione persuasiva in leggi, comandi, divieti, consigli, prediche e regolamenti. La funzione persuasiva coincide nelle favole con quella poetica e ha lo scopo di insegnare al lettore un certo comportamento, poiché quello della pubblicità è uno scopo mascherato, anche se poi il fine è di indurre all'acquisto il consumatore. Per le tecniche visive, invece, si utilizzano inquadrature, colori e scene particolari.

La comunicazione

La pubblicità comunica, anche se per *comunicare* si intende trasmettere informazioni, cosa che la pubblicità non fa. Nel comunicare si utilizzano due vie: la narrazione e il linguaggio figurale. La tecnica del racconto viene scelta negli spot televisivi che possono presentare lo "slice of life" (*fetta di vita*: una vicenda reale pervasa da ottimismo), la fiaba (il prodotto diventa "un mezzo magico"), la gag (una microstoria, in cui prevale l'elemento comico). Quando invece la pubblicità è in una rivista o su un cartellone stradale si usano le figure retoriche.

La persuasione

La persuasione è *diretta* o *meno diretta* (*mascherata*). Se è diretta c'è un elogio del prodotto, dell'acquirente e del produttore, un comando, un'argomentazione scientifica e, a volte, una presentazione fatta da un personaggio famoso. Se invece è meno diretta, si usano tre tecniche:

- *associazione*: il prodotto è associato a musiche celebri o a belle ragazze (ultimamente meno credibile in quanto è troppo scoperta);

- *evocazione di un'atmosfera*: viene costruita una situazione di cui il prodotto fa parte in modo integrante;

- *immagine senza commento*: si presenta il prodotto in una maniera silenziosa, diretta e senza elogi, attirando, comunque, l'attenzione; una variante di questa tecnica, usata solo da marche famose, consiste nel mostrare soltanto un'immagine che è simbolo del prodotto.

SEGRETO n. 30: il messaggio pubblicitario deve sorprendere ed emozionare, comunicare e appassionare, persuadere e incuriosire.

SEGRETO n. 31: i banner forniscono una rappresentazione degli interessi degli utenti che utilizzano internet.

La forma del contenuto della comunicazione attraverso i banner non è costituita solamente dalla descrizione del tipo di interessi e di valori che essi editano. Essa è costituita anche dalla relazione implicita tra banner e utente. In altre parole: la forma del contenuto possiede una componente semio-narrativa e una componente discorsiva. E il percorso generativo è, lo ricordiamo, la rappresentazione dinamica dell'articolazione dall'uno all'altro.

Quale relazione con l'utente internet è implicita nei banner, e da quale strategia dipende? Occupiamoci, dunque, dell'enunciazione caratteristica della comunicazione. Consideriamo i rapporti tra le immagini e i testi e i ruoli che sono loro attribuiti, poiché proprio l'enunciazione, in quanto atto, è di assicurare la manifestazione del discorso sotto forma di segni e di rapporti fra i segni. L'enunciazione si caratterizza così, per la presa in conto dei significati, la loro selezione e per la sottomissione del significato alle costrizioni delle loro nature rispettive.

«Il tipo di sincretismo scelto – testo e immagine in questo caso – deve essere considerato come uno degli aspetti privilegiati dall'analisi dell'enunciazione e dalla strategia adottata dall'enunciante (emittente) di fronte all'enunciatario (target). In effetti, il sincretismo si definisce come la messa in opera di più linguaggi di manifestazione, e ben indica l'utilizzazione della cultura del target e dell'immagine che quest'ultimo ha di produrre gli annunci.» (Floch 2000. pp. 212-213).

Quando osserviamo i diversi modi in cui il disegno classico dei banner integra plasticamente una determinata immagine, siamo colpiti dalla grande diversità delle immagini. Disegni e fotografie, sono ottimi esempi di intertestualità visiva. Ma c'è un'altra fonte: i segni. Ogni tipo di segno: i caratteri tipografici, i simboli, che siano matematici, monetari, ideologici, demografici, corporativi e, ovviamente, religiosi.

Puntatori, clessidre, cursori, insieme a una moltitudine di pittogrammi sono i simboli ricorrenti della comunicazione pubblicitaria on line. L'immagine, quindi, illustra il soggetto dell'annuncio, ma non solo: esso è oggetto di senso di fronte al lettore. I testi dei banner, talvolta, possono rompere la linearità del verbale ricorrendo al calligramma (poesia in cui la disposizione tipografica dei versi concorre all'effetto estetico). Ma succede anche che lo spazio del visual di alcuni annunci arrivi fino a dispiegarsi e divenire il luogo di realizzazione di un mitogramma.

È noto che A. Leroi-Gourhan definisce il *mitogramma* in opposizione al *pittogramma*, non solamente come un certo tipo d'immagine, ma anche come un certo modo di pensiero propriamente mitico, precisando che «ciò che caratterizza il pittogramma nei suoi legami con la scrittura è la linearità: com'è il caso per l'allineamento successivo delle fasi di un'azione. Quando si rappresentano gli stati successivi delle fasi di un'azione in piccoli disegni, come fanno gli eschimesi, si è indiscutibilmente in presenza di un pittogramma.

Esso può comprendere un'azione dove il gesto evoca lo scorrere del tempo. Naturalmente, questo tipo di rappresentazione è poco usata in rete, poiché si può facilmente ricorrere alle animazioni per descrivere tali eventi.

Il mitogramma, invece, presenta non gli stati successivi di un'azione, ma i personaggi non strutturati linearmente che sono i protagonisti di un'operazione mitologica.» (Leroi-Gourhan 1986). Nelle nostre società, afferma A. Leroi-Gourhan, numerose rappresentazioni sono mitogrammi. La cartellonistica pubblicitaria offre molti esempi. Il mitogramma ha la caratteristica di sollecitare un commento. Come il mitogramma è un'occasione per raccontare una qualsiasi leggenda o mito, così il mitogramma pubblicitario è un'occasione per il pubblico di raccontarsi una storia. I manifesti mitogrammatici traggono la loro forza e la loro durevolezza dalla tendenza del pubblico a metterli in racconto, a immaginare mille azioni e intrighi laddove non c'è che qualche relazione stabilita e spazializzata. Ecco alcuni esempi di mitogrammi:

Figura 30

Figura 31

Figura 32

Figura 33

Lungo queste pagine ho cercato di sostenere che il ruolo dell'immagine, e più generalmente del visibile, è essenziale nell'instaurazione della relazione tra banner e il suo target. I visual e la qualità stessa dello spazio degli annunci non sono solo il risultato di una ricerca d'impatto. Il ruolo giocato dall'immagine e dal visibile attualizza e arricchisce l'identità della marca dell'annuncio (branding banner). L'immagine e il visibile contribuiscono al posizionamento dei banner: l'attenzione dell'utente verso il web e quello che offre loro. L'immagine e il visibile contribuiscono anche alla strategia adottata nella comunicazione per imporre un tale posizionamento.

SEGRETO n. 32: le aziende che operano sul web, conoscendo il modo di pensare e di agire del loro target, se ne servono per sedurre, riattivando dei modi di rapportarsi al senso che i lettori hanno dimenticato o che essi non pensavano di dover adottare in tale circostanza.

RIEPILOGO DEL GIORNO 4:

- SEGRETO n. 23: il banner efficace racchiude in sé le peculiarità e i messaggi di più media.

- SEGRETO n. 24: le proporzioni e le sproporzioni diventano un mezzo di espressione. L'elemento grafico diventa determinante perché un banner colpisca l'attenzione, cosa che si ottiene attraverso il passaggio dal banner statico a quello animato, che, più facilmente cattura l'occhio del visitatore.

- SEGRETO n. 25: i banner animati generano in media un tasso di click-through più alto del 15% rispetto ai banners statici, con picchi del 40%.

- SEGRETO n. 26: minori sono le dimensioni del banner, maggiore è il tasso di click-through.

- SEGRETO n. 27: il messaggio riportato in un banner deve innanzitutto essere breve.

- SEGRETO n. 28: il banner-ad cerca generalmente di colpire il navigante nel suo punto debole, cioè i suoi interessi personali.

- SEGRETO n. 29: dobbiamo riuscire a collocare il nostro messaggio pubblicitario all'interno della categoria *attenzione vs indifferenza*, con la finalità di catturare l'attenzione dell'utente, esprimendo concetti semplici ma accattivanti nei pochi istanti in cui la visuale sfiora il nostro banner.

- SEGRETO n. 30: il messaggio pubblicitario deve sorprendere ed emozionare, comunicare e appassionare, persuadere e incuriosire.

- SEGRETO n. 31: i banner forniscono una rappresentazione degli interessi degli utenti che utilizzano internet.

- SEGRETO n. 32: le aziende che operano sul web, conoscendo il modo di pensare e di agire del loro target, se ne servono per sedurre, riattivando dei modi di rapportarsi al senso che i lettori hanno dimenticato o che essi non pensavano di dover adottare in tale circostanza.

GIORNO 5:

Come coinvolgere l'utente con una narrazione interessante e uno slogan travolgente

Lo schema narrativo

Per rendersi conto del modo in cui i racconti si organizzano, qualsiasi sia lo loro dimensione e il numero delle loro varianti, la semiotica si è servita inizialmente dei lavori di V.J. Propp sulla favola popolare russa (Propp 1966). La sequenza delle trentuno funzioni, che sintetizza le numerose varianti delle favole analizzate, ha fornito la prima definizione del racconto come sequenza ordinata di episodi formali interdefiniti.

Col passar del tempo, tuttavia, la semiotica ha profondamente rivisto tale sequenza. Il numero delle funzioni, come quello dei personaggi che ad esse corrispondevano, è stato ridotto e ridefinito, prima di giungere a quanto oggi si è deciso di chiamare lo *schema narrativo*. Innanzitutto, le funzioni proppiane ricoprono sfere d'azione di natura eterogenea. La partenza dell'Eroe corrisponde a un'attività, a un fare; mentre un'altra funzione, come la mancanza, corrisponde a una situazione, a uno stato. Conviene, dunque, riscrivere in modo omogeneo la sequenza delle funzioni concepita da Propp, dotandosi di una forma canonica valida per l'analisi di tutti gli enunciati narrativi e distinguendo ciò che doveva essere considerato invariante da ciò che era variabile.

Questo sia per l'*azione*, definita come una relazione tra dei personaggi (come un predicato), sia per il *personaggio*, definito attraverso le sue azioni e le sue relazioni con gli altri personaggi (costituito così come Attante). Una tale revisione ha permesso di dispiegare, per così dire, la struttura profonda del racconto, mentre a livello di superficie una stessa struttura proppiana riunisce, in sincretismo, più enunciati narrativi.

Inoltre, l'esame critico della morfologia di Propp rivela che la sequenza delle trentuno funzioni non rende conto dell'esistenza di proiezioni paradigmatiche, ovvero di funzioni che, anche se distanti tra loro sulla sequenza narrativa, possono essere accoppiate. Ora, proprio il riconoscimento di tali coppie permette di parlare dell'esistenza di strutture narrative. Qui lasciamo la parola a A.J. Greimas: «Claude Lévi-Strauss è stato il primo ad attirare l'attenzione dei ricercatori sull'esistenza delle proiezioni paradigmatiche, che ricoprono lo sviluppo sintagmatico del racconto proppiano, e ad insistere sulla necessità di procedere a degli accoppiamenti di funzioni.

Infatti, gli enunciati narrativi possono essere accoppiati non in base alla loro contiguità testuale, ma a distanza, considerando che un enunciato richiama, o piuttosto ricorda, il suo inverso, posto anteriormente.

Nuove unità narrative – discontinue rispetto alla trama del racconto, ma create attraverso delle relazioni paradigmatiche che uniscono i loro predicati-funzioni – appaiono così come delle coppie del tipo:
- /partenza/ vs /ritorno;
- /creazione della mancanza/ vs /liquidazione della mancanza/;
- /istituzione del divieto/ vs /rottura del divieto/;
- ecc.

Terzo ed ultimo punto. L'analisi delle funzioni mostrava l'esistenza di ricorrenze, di ripetizione delle prove. Per esempio, l'Eroe tenta due o tre volte prima di riuscire. Studiate le ricorrenze, è possibile distinguere ciò che costituisce l'invariante della prova dagli investimenti variabili, e considerare le unità narrative per le sole posizioni occupate nella sequenza sintagmatica che diviene racconto. Procedendo così nell'esame critico delle funzioni proppiane, l'idea di un dispositivo orientato si è sostituita alla nozione di semplice successione. Il racconto deve essere considerato come dotato di un senso, di una direzione.

Esso comprende solo se sotteso da una certa intenzionalità. Di fatto, la *Morfologia della fiaba* indica la ricorrenza di tre grandi prove, l'articolazione delle quali costituisce una storia completa, storia che si ritrova in ben altre fiabe, sotto ben altri cieli:

- *prova qualificante*: il soggetto si rende competente, atto a fare attraverso degli esami, dei concorsi, dei riti di iniziazione;
- *prova decisiva*: il soggetto si realizza compiendo un certo numero di azioni;
- *prova glorificante*: il soggetto ottiene il riconoscimento di ciò che ha fatto e, di conseguenza, di ciò che è.»

Bisogna notare che l'impiego della parola *storia* è molto pericoloso. Rischia di far credere che le tre prove restino degli episodi temporali, mentre vanno concepite come delle posizioni stabilite secondo un ordine di presupposizioni, riconoscibile attraverso una lettura a ritroso.

«Se la successione proppiana, interpretata come intenzionalità significante e situata ad un livello più profondo della semplice linearità della manifestazione discorsiva, permette di postulare l'esistenza di uno schema narrativo organizzatore, l'articolazione logica di questo schema dà, al contrario l'idea di una "successione a ritroso". Le tre prove si succedono effettivamente, sulla linea temporale (o grafica), le une alle altre, ma non esiste alcuna necessità logica per la quale la prova qualificante sia seguita da una prova decisiva o che questa sia sanzionata.

Gli esempi abbondano di soggetti competenti che non passano mai all'azione, di azioni meritorie mai riconosciute. La lettura a ritroso installa, invece, un ordine logico di presupposizione: il riconoscimento dell'Eroe presuppone l'azione eroica; questa, a sua volta, presuppone una qualificazione sufficiente dell'Eroe (astrazione fatta, ovviamente, dal dispositivo dei valori di verità, che surdeterminando in modo diverso le prove, introduce delle nuove varianti). L'intenzionalità del discorso narrativo, semplice ipotesi all'inizio, trova la sua giustificazione, come lo sviluppo dell'organismo di genetica, nell'ordinamento logico riconoscibile a posteriori» (A.J. Greimas, *ibidem*, pp. 10-11).

Due altri passi importanti sono stati fatti nella costruzione dello schema narrativo così come lo si rappresenta oggi. Innanzitutto, l'analisi del nucleo centrale del racconto – la *performanza* – attraverso la quale l'Eroe compie la propria missione e si realizza, ha mostrato che essa si costituisce nel quadro di un confronto. Solo la presupposizione di un Anti-Soggetto può far comprendere le prove, i rapimenti, i tradimenti e le imposizioni che fanno dell'Eroe il Soggetto di un percorso narrativo. Conviene procedere allora, al raddoppiamento del racconto e considerare l'esistenza di due percorsi: il percorso di un Soggetto e quello di un Anti-Soggetto. Allo stesso tempo, l'Eroe è tale solo da un certo punto di vista, secondo una certa assiologia, un certo sistema di valori. Secondo il punto di vista contrario esso appare come un vero farabutto.

Secondo grande passo: l'incrocio dei percorsi di due soggetti e il riconoscimento di due logiche di valorizzazione contrarie, mostrano l'esistenza di una cornice assiologica. L'azione di un Soggetto è delimitata da due "episodi" dove la questione dei valori – e del valore dei valori – è il tema centrale: lo stabilirsi, prima dell'azione, di un contratto, poi, ad azione compiuta, il ricordo di tale contratto e del suo compimento attraverso una sanzione, positiva o negativa a seconda della conformità o della non-conformità dell'azione, riferita al contratto stesso.

Le due sequenze – contratto prima e sanzione poi – sono quindi simmetriche. Al momento del contratto, il Destinante, che impone e rappresenta il sistema dei valori, esercita un fare persuasivo sul Soggetto che, a sua volta, esercita un'azione interpretativa che lo porterà ad accettare o rifiutare l'accordo. Al momento della sanzione, invece, sarà il Soggetto a esercitare un fare persuasivo sul Destinante – definito Destinante-giudicatore – per ottenere il riconoscimento della buona realizzazione della sua azione. E dovrà essere il Destinante-giudicatore a esercitare un'azione interpretativa, a esaminare se l'apparire corrisponde all'essere delle cose. Concludiamo questa piccola storia dell'elaborazione dello schema narrativo, notando come il momento in cui il Soggetto si fa riconoscere, è quello della prova glorificante, oramai ricostituita e ridefinita nell'economia generale della narratività.

Presentiamo ora l'armatura generale dello schema narrativo, sottolineandone precisamente le simmetrie:

LO SCHEMA NARRATIVO

Contratto	*Competenza*	*Performanza*	*Sanzione*
Nel quadro di un sistema di valori, proposizione, da parte del Destinante e accettazione da parte del Soggetto, di un programma da svolgere.	Acquisizione dell'attitudine a realizzare un programma, o "prova qualificante".	Realizzazione del programma, o "prova decisiva".	Confronto del programma realizzato e dal contratto da adempiere: "prova glorificante" (lato Soggetto) e "riconoscenza" (lato Destinante-giudicatore)

Tabella 2

La performanza è il far-essere; la competenza è ciò che fa essere. Questo doppia definizione è molto astratta, ma presenta il grande vantaggio di definire competenza e performanza attraverso la loro relazione: una relazione di presupposizione. La performanza presuppone la competenza. Se si prende il verbo fare per denominare la performanza, la competenza si definirà attraverso l'organizzazione e la gerarchia delle modalità del dover-, del voler-, del saper-, e del poter-fare; ovvero attraverso ciò che rende un soggetto in grado di realizzarsi compiendo il proprio programma d'azione. Per uccidere il drago, l'Eroe, ad esempio, dovrà procurarsi una spada e un cavallo (poter-fare) e trovare la mappa della grotta (saper-fare).

Un altro esempio può essere il *curriculum vitae*. Un curriculum vitae è un vero e proprio piccolo schema narrativo. Ci si valorizza, si racconta:

- il senso di responsabilità e la serietà (l'aspirante sarà un "buon soggetto", secondo il dover-fare);
- la motivazione, la forza di carattere (voler-fare);
- i diplomi e l'esperienza (saper-fare);
- infine, la disponibilità ("sposato, con figli?") o la capacità di lavoro ("che età?"), ovvero il poter-fare.

Il posto ambito, tra quelli offerti nell'annuncio, rappresenterà la performanza; il tipo di stipendio e l'insieme della carriera augurata, la sanzione. Quanto al contratto, l'invio stesso del curriculum s'incaricherà di significare l'accettazione virtuale dell'offerta e del sistema dei valori al quale si aderisce (che si trova a essere molto vicino a quello dell'impresa, se si crede alla sua presentazione e al suo logotipo).

Il Soggetto di uno schema narrativo può essere collettivo: un'impresa, un gruppo industriale, una collettività locale o territoriale. Ma questo Soggetto può essere un oggetto: un elettrodomestico, perché no? Come può il design di un robot multifunzione raccontare il suo contratto con l'utilizzatore; la sua potenza, la sua docilità e la sua intelligenza (la competenza); le sue funzioni (la performanza) e la sua ricerca di riconoscimento di un lavoro ben fatto (la sanzione)?

Faremo tre osservazioni prima di chiudere la presentazione dello schema narrativo. Due riguardano ancora la competenza, la terza riguarda la sintassi narrativa soggiacente allo schema narrativo. Abbiamo definito la competenza come un'organizzazione e una gerarchia di modalità. Precisiamo: la competenza di un Soggetto non si definisce attraverso una semplice addizione di modalità. Essa si definisce attraverso il modo particolare in cui una modalità regge un'altra modalità: *quando si vuole, si può! Volere è potere*; il volontarismo si può definire attraverso una certa gerarchia di modalità.

Si può quindi concepire una caratterologia modale o, dati in esempio certi caratteri così definiti, avvicinarsi al problema delle ideologie e delle etiche. Ma un'altra definizione di competenza è possibile, una *definizione sintagmatica*. Le letterature ci forniscono esempi di competenze molto differenti secondo la sequenza o il processo di acquisizione delle modalità.

Ci sono degli eroi che dispongono già del potere, del sapere, ma che saranno competenti, ovvero, in grado di compiere la loro missione, soltanto dopo aver acquisito un volere o un dovere. Altri sono fin da subito dei soggetti del volere, ma devono cercare e acquisire le altre modalità per agire. La pubblicità offre a questo proposito una grande diversità di competenze sintagmatiche definite.

Spesso, l'Eroe beneficia dell'aiuto di un altro "personaggio", oppure qualcuno lo ostacola e contrasta il suo progetto. Questi personaggi rappresentano, sotto la forma di attori, degli aumenti o delle diminuzioni di competenza. Colui che aiuta – e che è chiamato per questo un Adiuvante – è una sorta di esteriorizzazione del poter-fare del Soggetto, sotto forma di un altro attore.

Colui che contrasta l'azione del Soggetto rappresenta, secondo la stessa logica, un non-poter-fare; questi è chiamato Opponente. Si ritrova ancora il fenomeno del raddoppiamento del racconto, trasversale alle quattro grandi sequenze dello schema narrativo. L'insegnamento da ricordare è la necessaria distinzione, non essendoci sempre una corrispondenza termine a termine, tra i differenti ruoli e statuti narrativi delle loro rappresentazioni sotto forma di attori.

Lo schema narrativo è un modello particolarmente interessante per analizzare un progetto di vita o un programma d'impresa, o ancora le lettere di auguri di un dirigente al suo personale (l'occasione di sanzionare l'anno trascorso e di contrattualizzare il nuovo). Il suo interesse risiede anche nella grande generalità. Tuttavia, esso deve essere concepito come il luogo di incontro di diversi percorsi narrativi e di una loro riduzione. Anche l'Adiuvante, in un racconto complesso, ha il suo programma, e quindi il suo contratto, la propria competenza d'acquisire e, per fare tutto ciò, egli stesso può avere la fortuna di incontrare un Adiuvante.

L'influenza

L'analisi dell'immagine pubblicitaria, la scomposizione dei differenti messaggi che la abitano, la distribuzione delle funzioni tra immagini e testo sono oramai familiari. Non altrettanto conosciute sono, invece, le grandi strutture narrative e le logiche argomentative suscettibili di entrare in azione nel campo pubblicitario.

Per indagare tali fenomeni bisogna scegliere un certo modo di funzionamento dell'enunciato: non paradigmatico, ma sintagmatico, quando la disposizione formale è già largamente sovrasegmentale. L'argomento dell'influenza è totalmente legato al processo pubblicitario, tanto che se ne può tracciare il disegno formale, come se fosse un "genere". Poiché tratta della promozione commerciale di un prodotto o servizio determinato, il progetto pubblicitario si allontana molto raramente da una missione centrale: *fare pressione sul destinatario*, utilizzando una retorica argomentativa costruita ad hoc, al fine di portarlo ad accettare il punto di vista che gli si vuol far condividere. Non bisogna confondere il disegno d'influenza – ovvero il tentativo di confortare o di modificare le disposizioni del destinatario – e la logica, tanto argomentativa che narrativa, attraverso la quale tale progetto si eserciterà, ossia il meccanismo stesso dell'influenza.

L'argomentazione d'influenza è definita da C. Perelman come «l'insieme delle tecniche discorsive che permettono di provocare o di aumentare l'adesione degli individui alle tesi che si presentano al loro giudizio» (Perelman 1958). Vi si trovano le due componenti aristoteliche ben note: produrre, attraverso il discorso, una convinzione intellettuale (convincere: *docere*); produrre un effetto (commuovere: *movere*).

Quali titoli per influenzare? E chi si designa, di fatto, come *influente*? In molti messaggi l'"influenzatore" non ha né identità reperibile, né un luogo nominabile. Né persona, né istanza chiaramente significata, esso si manifesta come una *Coscienza consapevole*, detentrice di una verità o di una convinzione in nome della quale il discorso potrà, a partire da quel momento, regolarsi sul modo ingiuntivo o prescrittivo che conviene al genere. Tale ragione trascendentale, per quanto non identificata, è tuttavia *testualmente identificabile*: essa opera, ad esempio, sotto forma di enunciati assertivi inaugurali, a partire dai quali si costruirà la logica narrativa propriamente detta.

Per semplificare tale concetto, possiamo affermare che il nostro banner pubblicitario deve attirare l'attenzione dell'utente, scatenando emozioni e sensazioni, anche senza utilizzare un testimonial e uno slogan completamente identificabile. Ecco alcuni banner che esprimono tale teoria:

(fonte reperibile al seguente indirizzo web: www.
http://www.payperuse.eu/pages/intl.php)

In altri messaggi, questa istanza normativa e buona consigliera è invece reperibile e riconoscibile. Essa può inscriversi innanzitutto, dotata di questa funzione propria, nel senso stesso dell'aneddoto: si installa allora con una persona fisicamente collocata nella scena, un attore fra altri attori, che può essere un rappresentate autorizzato dalla società; un utente che racconta la sua esperienza, un esperto, uno specialista, un confidente o qualsiasi altro attore che si faccia carico dell'argomento di influenza.

Lo scenario è sempre più o meno quello della rivelazione. Al di fuori della comunicazione bancaria, il caso più noto è quello delle pubblicità dei detersivi: scienza convenzionale delle due amiche di cui una, detentrice del *sapere* (il *buon prodotto*), influenza l'altra, posta in stato di inferiorità (poiché questa possiede il *cattivo prodotto*) per mezzo di una prova in cui le prestazioni del primo si rivelano superiori a quelle del secondo. Influenzatrice e influenzata fanno parte entrambe, in questo caso, dell'aneddoto.

Essa può ugualmente essere la coscienza esteriore trascendente l'aneddoto, che trae la moralità dalla sua conclusione: il confidente o l'esperto nella sua "nicchia"; voce "off" alla radio: spazi propri di un influenzatore non impegnato nella trama della narrazione e che ne coglie il pretesto per manifestarsi e per esporre il suo insegnamento. Si vede, dunque, che il luogo della parola cambia, così come cambia l'attore della parola.

La modificazione

A partire dal momento in cui la legittimità dell'argomento di influenza si fonda sull'utilità plausibile del suo oggetto, può innescarsi un processo di trasformazione a cui daremo il nome generico di *modificazione*. La modificazione è innanzitutto l'obiettivo perseguito dal pubblicitario: provocare nel destinatario un cambiamento dinamico di stato che si chiamerà indifferentemente, passaggio dall'inazione all'azione (*partecipazione* o *consumo*); dall'indifferenza alla preferenza (*elezione* o *interesse*); dall'ignoranza alla conoscenza (*notorietà* o *informazione*); da un'intensità di adesione a un grado più forte di intensità (*implicazione*).

Ma la modificazione è anche uno dei modi per ottenere la modificazione stessa. Nel contempo: obiettivo e procedura strumentale. Si tratterà di proporre al destinatario una rappresentazione figurata di ciò che ci si attende da lui. Farlo assistere, in quanto lettore, spettatore o auditore allo svolgimento di un atto di discorso, riproducente un doppio mimetico della modificazione.

L'infinito delle situazioni è illusorio, così come la loro risoluzione. Gli oggetti pubblicitari promessi non hanno altro destino che quello di ottenere gradimento, altro fine che euforizzare, altre contrarietà che sono provvisorie, sotto forma di ostacoli perennemente superati. L'interesse narrativo del discorso pubblicitario non è mai nel suo finale (sempre positivo), ma nell'inventività delle peripezie organizzate prima della conclusione.

Si costruirà, dunque, un testo narrativo (raccontare una storia) la cui verità dimostrativa nasce alle origini stesse di un'antica figura: l'exemplum narrativo. La forza dell'esempio consiste innanzitutto nel sostituire un discorso narrativo, ossia una storia, al discorso sistematico, che corre il rischio di diventare troppo astratto. Consiste poi nell'obbligare il destinatario a ricevere il racconto con la manifestazione particolare di una varietà, e cercare il senso dietro l'aneddoto (questa struttura emblematica è quella della favola, che implica esplicitamente racconto e morale, illustrazione e regola d'azione, e si presenta come una struttura che oppone *pictura* a *subscriptio*). Infine, permette una generalizzazione, nel costruire una regola.

Il processo migliorativo si forma nel prendere inizialmente un attore (voi, io, il lettore o l'ascoltatore, se il messaggio adotta la forma del discorso d'interpellazione; un personaggio, se adotta la forma di un aneddoto narrativo) in una situazione devalorizzata e nel condurlo fino allo stato opposto, valorizzato, grazie all'intervento di un operatore attivo, agente di questa trasformazione radicale.

Lo stato iniziale può chiamarsi indifferentemente: mancanza, insoddisfazione, insuccesso, scomodità, errore, infelicità, colpa ecc. Può far riferimento al male, al fallimento, alla mancanza, alla contrarietà, al rischio. Lo stato finale si chiamerà all'opposto, avere, soddisfazione, riuscita, comodità, felicità, riparazione ecc. Questo risultato implica, è chiaro, l'intervento di un agente, opportuno e capace, che metta le proprie risorse al servizio della persona in difficoltà (o: *in condizione di handicap*). Un simile ausiliare gioca il ruolo del genio benigno. Esce vittorioso dalla prove alle quali è stato sottomesso.

Tale è l'utilità del racconto: ha il vantaggio di offrire dei punti di riferimento netti del cambiamento di stato. Può, allora, organizzare, tra la situazione iniziale e quella finale, un processo di inversione del contenuto. Questo iter di modificazione progredisce narrativamente secondo scenari multipli, ma il cui svolgimento di base può essere riassunto nel modo seguente:

- *ostacolo*: la sequenza iniziale centrata sull'attore in condizioni di handicap (e definibile conseguentemente come *vittima*) instaura negli informanti l'inferiorità come situazione problematica. Un ostacolo si erge di fronte al soggetto, che non dispone autonomamente delle risorse sufficienti a superarlo. Ne consegue la necessità di un aiutante.

- *citazione*: segue la sequenza dell'annuncio, la citazione dell'Eroe, breve ma decisiva, essa ha per obiettivo di informare la persona in condizione di handicap dell'esistenza di un alleato in grado d'assisterlo. Questa citazione può essere opera di un terzo, un amico, un confidente, una fata, un consigliere che irrompa nella storia, oppure un protettore misterioso, "convocato" all'insaputa del protagonista in difficoltà. Narrativamente, tale sequenza ha lo scopo di far comparire colui che si comporterà come salvatore, dargli un nome e una posizione nel racconto (contratto).

- *prova*: segue la sequenza della prova, l'intervento dell'Eroe e del salvatore. È il momento in cui si illustra il prodotto, il servizio, l'istituzione (società, marca), dove l'Eroe può mostrare le sue capacità, le sue virtù di efficacia. Questa messa alla prova non può comportare, in pubblicità, la fase dell'incertezza sulla riuscita finale. Le sfide saranno accettare gli ostacoli e i torti iniziali superati.

- *soluzione*: è la sequenza in cui il soggetto è finalmente trasformato. Il suo problema ha trovato rimedio, la tensione è risolta, la modificazione di stato è garantita. È anche la sequenza della glorificazione dell'agente, senza il quale la soluzione stessa non sarebbe stata possibile, e che riceve il frutto del suo successo: l'elogio corona la prova e avvolge l'oggetto commerciale.

Alcune modificazioni di stato nei banner

Si possono prefigurare numerosi scenari della modificazione di stato. In questa analisi cercheremo di isolare i modelli più frequenti, quelli in cui i legami strutturali sono più espliciti: il *modello della salvezza*, il *modello del paradosso* (o il *modello dell'enigma*), e il *modello della capacità*.

SEGRETO n. 33: per avere dei banner più efficaci dal punto di vista semiotico, dobbiamo riferirci a modelli teorici presenti nella pubblicità tradizionale e adattarli alle caratteristiche di questo nuovo mezzo pubblicitario.

Il modello della salvezza

Questo modello distribuisce lo svolgimento dell'argomento pubblicitario a partire da una difficoltà iniziale (origine del problema) o da un'ambizione (desiderio o speranza) la cui realizzazione è anch'essa problematica. Tale difficoltà suggerisce di ricorrere a un terzo (individuo), dato che viene posto che la persona coinvolta non può risolvere il problema da sola. Il terzo, rappresentato come Eroe, determina la soluzione: può amministrarne la prova (dimostrazione) o quantomeno invocare il diritto a pretenderlo.

Osservando gli esempi nella Tabella 3, si può notare che tale scenario ha la tendenza a riprodursi a partire da una proposizione generale (colonna A), o da un dato dell'esperienza espressi in modo così vago e imperativo da non poter essere contraddetti. In questo modo si assicura l'apertura del processo.

La drammatizzazione viene subito dopo (colonna B), attraverso la circostanziazione dell'enunciato precedente in un caso ben tangibile dove si trova l'ostacolo. La difficoltà, che sia esplicita o implicita, rimane l'elemento a partire dal quale si comprende e si giustifica il ricorso a un terzo (l'Eroe) che si trova in quel momento incaricato di una missione (colonna C). Missione che si esplicita in una sequenza più o meno sviluppata, nell'ambito della quale risiede generalmente l'informazione documentaria, di ispirazione tecnica, o luogo dal quale il prodotto "opera" una dimostrazione che torna a suo vantaggio (colonna D). La sua riuscita nella soluzione di un problema locale che gli è stato confidato può a questo punto essere elevata al rango di una caratteristica o di una performance significativa del Destinante in questione, che attraverso una generalizzazione dell'argomento, oppure attraverso il semplice Logo (colonna E), trae beneficio in termini generali. È opportuno sottolineare che questo modello trova scarsa applicazione nella realtà empirica, poiché la maggioranza dei banner presenti in rete sono privi di un processo narrativo così complesso.

A →	B →	C →	D →	E
Asserzione: generalizzazione introduttiva	*Situazione generatrice di difficoltà*	*Enunciazione dell'agente salvante*	*Intervento dell'agente nella situazione data*	*Generalizzazione del ruolo benefico dell'agente salvatore*
Cosa ti fa battere più forte il cuore?	Ti amo, Ti amo (si sottintende uno stato emotivo forte)	Ericsson	Fai sentire la tua voce	Ericsson
Prima di essere noi, siamo stati voi...	Perché nel mondo finanziario ci siamo nati, ma soprattutto cresciuti	Soluzioni per il mondo finanziario	X	Finmatica
X	La pubblicità costa troppo? Il tuo e-business non funziona?	Forse perché non ci conosci...	ClickPoint	ClickPoint

Tabella 3

SEGRETO n. 34: il modello della salvezza prevede lo svolgimento dell'argomento pubblicitario a partire da un desiderio o da una speranza iniziali che risultano di difficile

realizzazione. Si rende così necessario ricorrere a un terzo (l'Eroe) che mette in atto la soluzione.

Il modello del paradosso

Il secondo modello complica fin dall'inizio la situazione. Esiste una difficoltà che rimane nel campo dello sperimentabile, e si cerca di dare soluzione a una impossibilità. Come ottenere servizi gratuitamente? Come ottenere un regalo senza far nulla? Il messaggio si costruisce, allora, nello schema della risoluzione di un enigma (forma interrogativa) o di un paradosso (forma assertiva).

La situazione descritta inizialmente comporta un elemento di incredulità così forte che, o deve essere formulata in forma interrogativa, oppure deve essere riaffermata insistentemente, come se fosse lecito sospettare della sua iscrizione nella realtà. L'eccezionalità o l'enormità dell'ostacolo sottolineerà, in effetti, i meriti di chi riuscirà a superarlo. Essa nobilita il Destinante che avrà risolto il paradosso proposto. Tale paradosso non appena esposto (colonna A) è già risolto, senza fatica (colonna B). Tutto l'interesse narrativo del modello viene, d'altronde, da questa rapidità, da questa istantaneità, che classifica la performance nella categoria del fulmineo. Ma tale rapidità necessita di una spiegazione: l'artefice di tale prodezza deve mostrare le proprie armi (colonna C).

Come nel modello precedente, il paradosso è elevato al rango di una dimostrazione particolarmente esemplare di una capacità più generale. Vi è, dunque, una generalizzazione del beneficio (colonna D). La situazione iniziale non è che una tra le molte sulle quali il Destinante può affermare la propria competenza.

A ⟶	B ⟶	C ⟶	D
Enunciazione del paradosso	**Citazione dell'agente salvatore**	**Risoluzione del paradosso**	**Generalizzazione del beneficio**
Se vuoi, la bolletta del cellulare la paga….	Cellmoney	Non ci credi?	Prova a cliccare qui
Hai tre secondi per trovare la femmina del camoscio…	Virgilio	Scoprilo su Virgilio Parole	(L'azione del cliccare e quindi del beneficio è sottintesa)
Hai baciato una cernia?	Punto	Se era un sogno, Punto lo interpreta	(L'azione del cliccare e quindi del beneficio è sottintesa)
Galactica abbatte il muro del tempo	Galactica. We Internet you	Flatrate	Internet a tutti i costi. Fissi.
È finita l'era della paleocomunicazione	Omnys	Omnys a new era in wireless solution	Omnys a new era in wireless solution

Tabella 4

SEGRETO n. 35: il modello del paradosso prevede lo svolgimento dell'argomento pubblicitario a partire da una problematica di tipo paradossale (qualcosa di apparentemente irrisolvibile); il banner propone la soluzione.

Il modello dell'enigma

Il modello dell'enigma è strutturalmente molto vicino a quello del paradosso. Nei due casi vi è una situazione anormale che sarà tuttavia risolta. La differenza risiede più che altro nell'enunciazione, che in questo caso è di tipo interrogativo.

A ➝	B ➝	C ➝	D
Enunciazione dell'enigma	*Citazione dell'agente salvatore*	*Risoluzione dell'enigma*	*Generalizzazione del beneficio*
Cos'è una cavea?	www.romagnastore.com	Scoprilo su…	Tutta la Romagna in un click
Sei pronto a navigare in Val di Fassa?	www.dolomitinetwork.com	Yes…Yes	(L'azione del cliccare e quindi del beneficio è sottintesa)
Dove nascono le idee?	www.tripod.it	Concepisci la tua homepage gratuita su…	(L'azione del cliccare e quindi del beneficio è sottintesa)
Cerchi qualcosa di nuovo?…motori di ricerca, web directory, canali… e tanto altro ancora?	B24.it	B24.it	B24.it

Tabella 5

SEGRETO n. 36: il modello dell'enigma prevede lo svolgimento dell'argomento pubblicitario a partire da una problematica di tipo interrogativo (qualcosa da risolvere); il banner propone la una domanda che contiene la soluzione nella risposta.

Il modello della capacità o modello normativo

È possibile integrare nella stessa famiglia un'argomentazione estremamente semplice – la più semplice di tutte – che non prevede che due elementi attivi, collegati da una relazione di riconoscimento dei valori dell'uno nella maniera d'essere o di fare dell'altro. Esiste il piano dell'esigenza, della regola, della norma, della necessità. E il piano della risposta all'esigenza, alla regola, alla norma e alla necessità.

Per tale ragione, secondo le varianti, si può parlare:

- di un modello della capacità;
- di un modello della competenza;
- di un adeguamento alla norma.

Questo modello è in parte differente dal modello canonico di base perché non è fondato, come il precedente, sulla nozione di modificazione di stato e non si basa su una difficoltà superata.

È un modello meno narrativo, gli manca l'exemplum, la circostanziazione. Meno implicante, perché meno personalizzante, meno emotivo perché sprovvisto della "privazione" originaria. È un modello più piatto degli altri, dove l'accento è messo sull'asserzione introduttiva, più che sulla soluzione. Ma tale accento è neutralizzato dall'estrema vacuità, dall'estrema instabilità del dire inaugurale. È il modello debole, senza rischio, ma senza grande dinamismo. La sua forza sta tutta nell'enunciato della regola, che si presenta come un dato irrevocabile, come una generalizzazione del tutto vaga, se non addirittura banale.

SEGRETO n. 37: il modello normativo prevede lo svolgimento dell'argomento pubblicitario a partire da un enunciato della regola che si presenta come irrevocabile.

A ⟶	B ⟶	C
Enunciazione della regola	**Adeguamento dell'agente**	**Estensione dell'adeguamento alla regola**
L'energia dell'informazione	Mv2	Tecnici.it
Terza legge della nuova economia.	Prima di tutto, arrivate prima.	Scopri le altre. Finecom
Club amici akkuaria	www.akkuaria.com	
Le migliori newsletter italiane e internazionali	Attualità, economia e finanza, sport…	Fatti per il mondo del click Enew.it

Tabella 6

Concludendo, rispetto alle versioni principali appena descritte, è possibile trovare varianti che giocano sull'arricchimento delle sequenze o sulla cronologia degli argomenti. La progressività della situazione non è necessariamente quella che va dal *maggiore* al *minore*. Nulla vieta al pubblicitario di iniziare dalla soluzione. In questo caso si avrà enfasi inaugurale del risultato che, come ogni effetto spettacolare, determina una ricerca della spiegazione, una ricerca delle origini. La costruzione è regressiva, va dalla conseguenza all'origine, dall'effetto alla causa.

Si può studiare lo spostamento dell'accento sull'una o sull'altra sequenza della struttura e verificare come si modifica l'orientamento del messaggio. Alcuni schemi insistono, ad esempio, sullo "stato iniziale", accumulando o reiterando, in cascate successive, le informazioni circa le difficoltà. Così facendo allestiscono la tragedia della mancanza. L'intervento dell'agente salvatore si pone allora come una liberazione breve, ma di grande effetto. Questi schemi esaltano soprattutto la funzione emotiva.

Altri insistono più volentieri sullo "stato finale", il miglioramento, la risoluzione, la trasformazione di stato. La funzione messa in risalto è piuttosto la funzione implicativa. La pubblicità istituisce l'euforia del soggetto. Lo schema del paradosso appartiene a questo secondo tipo.

Vi sono, infine, messaggi che insistono piuttosto sul "lavoro" dell'aiutante, giustificando la qualità della performance attraverso la qualità del mezzo che l'ha prodotta. L'argomento è più che altro documentario, la funzione referenziale è preponderante. Esso finisce con l'istituire la pedagogia dell'oggetto.

Il modello attanziale

Per analizzare in modo profondo il senso narrativo dei banner è utile riferirsi al modello attanziale di Greimas (Marsciani, Zinna 1991, pp. 65-69). Un simile modello rende conto solamente del livello più profondo e si situa a un livello concettuale.

Secondo quanto si legge in http://www.intercom.publinet.it/1999/Fabiani.htm, si può dire: «Nell'attualizzazione di questa struttura a livello testuale, in una narrazione che prevede determinati personaggi che svolgono precisi ruoli, il modello subisce un "investimento antropomorfico" che genera i cosiddetti "attanti". Gli attanti non sono i personaggi, gli "attori" della vicenda, ma definiscono delle ben determinate sfere d'azione funzionali (derivanti per certi versi dalle funzioni dello studioso russo Propp, autore di una ricerca sulle strutture dei personaggi nelle fiabe) all'interno del racconto, e rappresentano i poli trasformazionali entro i quali l'azione si sviluppa. A un agente possono corrispondere uno o più "attori" o personaggi veri e propri, così come uno stesso attore può rientrare in due diverse categorie attanziali.»

Pertanto, gli *attanti* sono ruoli sintattici incarnati da *attori*: per esempio, il lupo è l'attore che ricopre il ruolo di Opponente di Cappuccetto Rosso, mentre l'Aiutante è il cacciatore. La lampada magica è l'Oggetto che il Genio (Destinante) dà ad Aladino (Destinatario). Lo stesso attore può ricoprire diversi ruoli attanziali: Aladino è infatti anche il Soggetto (che alcuni chiamano Eroe) del racconto.

Il Soggetto intrattiene con l'Oggetto una relazione di *desiderio*, cioè vuole raggiungerlo, tecnicamente *congiungersi* con esso. L'Oggetto può essere un'entità complessa (Ulisse vuole congiungersi con Itaca, Penelope, la famiglia, il regno ecc) e/o astratta (la consumatrice vuole congiungersi con una linea del corpo migliore).

Il Destinante ha con il Destinatario una relazione mediata dall'Oggetto: lo offre o lo comunica, lo costituisce come Oggetto di valore. Spesso il testimonial, usando il prodotto (Oggetto) lo valorizza rendendolo desiderabile per il consumatore, che è il Destinatario.

Aiutante e Opponente sono con il Soggetto sull'asse del *potere*, cioè fanno sì che possa o *non* possa congiungersi (o avvicinarsi) all'Oggetto. Possono essere anche entità astratte, eventi naturali, doti personali dello stesso Eroe (Superman, per esempio, è aiutato da suoi super-poteri).

I ruoli attanziali sono spesso ricoperti nella pubblicità da attori quali: il produttore (ad esempio: il Signor Rana), il testimonial, il consumatore, l'esperto, il prodotto ecc. Il modello attanziale proposto da Greimas è di tipo comunicazionale, e si presenta nel modo seguente:

Figura 34 (da Greimas)

SEGRETO n. 38: il modello attanziale prevede determinati personaggi che svolgono precisi ruoli per definire il processo

narrativo come Soggetto, Anti-Soggetto, Oggetto, Destinante, Aiutante, Destinatario e Opponente.

«Tutte le linee di sviluppo del racconto seguono il modello attanziale, configuratosi secondo una dinamica di congiunzioni e disgiunzioni incentrate sull'oggetto. La relazione principale è quella centrale Soggetto/Oggetto, basata sul desiderio. Il Destinante è colui che pone l'oggetto come tale nella comunicazione, e come "messaggio" nei confronti del Destinatario che può anche, e molto spesso accade, coincidere con il Soggetto. L'Aiutante e l'Oppositore hanno la funzione rispettivamente di favorire e di interferire la comunicazione.» (http://www.intercom.publinet.it/1999/Fabiani.htm).

Sulla base di tale modello si cercherà di analizzare la struttura semio-narrativa dei banner. Verranno considerati banner appartenenti a diverse aree tematiche, annunci, arte, aziende, commercio, intrattenimento ecc., e si cercherà di descrivere i ruoli attanziali presenti in essi.

Figura 35

Soggetto	Anti-Soggetto	Oggetto	Destinante	Aiutante	Destinatario	Opponente
Navigatrice ideale (raffigurato dallo sguardo della ragazza)	X	Tutti i servizi offerti dal portale di SuperEva	Impresa SuperEva	www.supereva.it	Utente/Consumatore	X

Tabella 7

Analisi del banner SuperEva: nella relazione Soggetto/Oggetto è possibile notare un desiderio di congiunzione, raffigurato dallo sguardo della ragazza (navigatrice ideale) verso il portale SuperEva. Da questa immagine è possibile supporre che i servizi offerti siano rivolti a un target femminile. L'Oggetto di valore è costituito dall'insieme dei servizi offerti dal portale in questione. L'Aiutante coincide con il portale SuperEva. Il Destinante è l'impresa SuperEva, mentre il Destinatario è l'utente generico. In questa struttura narrativa non sono presenti Anti-Soggetto e Opponente.

Figura 36 (frame 1)

Figura 37 (frame 2)

Soggetto	Anti-Soggetto	Oggetto	Destinante	Aiutante	Destinatario	Opponente
Navigatore Ideale	X	Il portale Sky8 che offre una lotteria con vincita massima di 500.000 euro	Sky8	Il sito www.sky8.it	Utente/Consumatore di lotterie	X

Tabella 8

Analisi del banner Sky8: l'Oggetto di questo banner è costituito dal sito Sky8, e da tutto ciò che il sito offre. Si tratta di un portale dedicato alle lotterie on line dov'è possibile vincere fino a un massimo di 500.000 euro. Condizione tassativa d'ingresso per poter accedere a tali servizi è la registrazione. Il Soggetto è rappresentato dal navigatore ideale, il Destinate è l'impresa Sky8, mentre il Destinatario è l'utente interessato alle lotterie. Anti-Soggetto e Opponente non sono presenti.

Figura 38 (frame 1)

Figura 39 (frame 2)

Figura 40 (frame 3)

Soggetto	Anti-Soggetto	Oggetto	Destinante	Aiutante	Destinatario	Opponente
Navigatore Ideale	X	Un cd, un cellulare, un viaggio	Impresa iLert	La pubblicità offerta da iLert	Utente/ Consumatore	X

Tabella 9

Analisi del banner iLert: l'Oggetto in questione è rappresentato dall'impresa iLert che offre pubblicità on line. Scaricando sul proprio pc un software apposito, è possibile visualizzare determinati tipi di pubblicità. Il corrispettivo per quest'opportunità di guadagno è costituito da un cd, da un cellulare, oppure da un viaggio a seconda delle modalità del servizio.

Il Soggetto è rappresentato dal navigatore ideale, il Destinatane è l'impresa iLert, mentre il Destinatario è rappresentato da tutti coloro che sono interessati a queste forme di guadagno. L'Aiutante coincide con la pubblicità offerta da iLert. Anti-Soggetto e Opponente non figurano in questo banner.

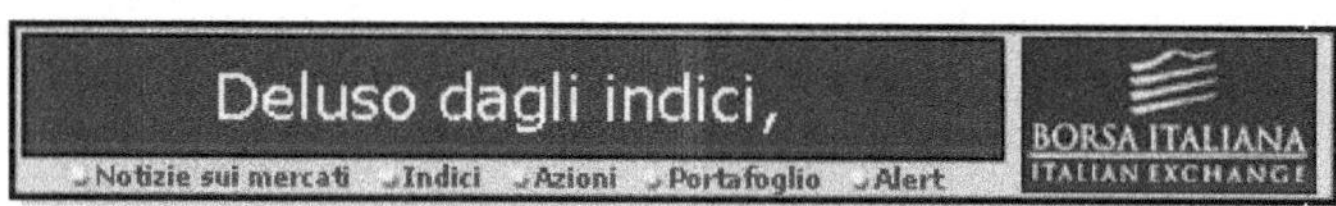

Figura 41 (frame 1)

Figura 42 (frame 2)

Figura 43 (frame 3)

Figura 44 (frame 4)

Figura 45 (frame 5)

Soggetto	Anti-Soggetto	Oggetto	Destinante	Aiutante	Destinatario	Opponente
Navigatore Ideale	Delusione degli indici di borsa	Andamento positivo della borsa, oppure una vincita in borsaa	Impresa Borsa Italiana	Il sito www.borsaitalia.it	Investitore o risparmiatore in genere	X

Tabella 10

Analisi del banner Borsa Italia: in questo tipo di banner è possibile notare un gioco cognitivo fra *indici* e *pollici*, com'è rappresentato dalle Figure 42-46 (frame e 2) utilizzato per suscitare attenzione. L'Oggetto di questo banner è rappresentato dall'andamento positivo della borsa oppure di un eventuale guadagno. Il Soggetto è costituito dal navigatore ideale, il Destinante è l'impresa Borsa Italiana, il Destinatario è rappresentato dall'investitore ideale oppure da un risparmiatore in genere. L'Aiutante coincide con il sito www.borsaitalia.it. In questa struttura narrativa è possibile notare anche l'Anti-Soggetto che è rappresentato dagli indici di borsa negativi per l'utente. L'Opponente non è presente.

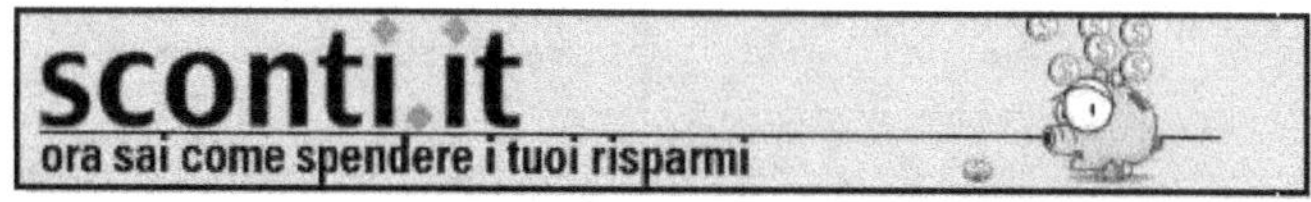

Figura 46

Soggetto	Anti-Soggetto	Oggetto	Destinante	Aiutante	Destinatario	Opponente
Navigatore Ideale	X	Sconti vantaggiosi	Impresa che attua questi sconti	Il sito www.sconti.it	Consumatore in genere	X

Tabella 11

Analisi del banner Sconti.it: anche in questo caso lo schema offerto da questo banner determina come Oggetto gli sconti vantaggiosi offerti dal sito in questione, il Soggetto è rappresentato dal Navigatore Ideale, il Destinante è l'impresa che attua tali tipi di sconti, mentre il Destinatario è il consumatore generico. Non è presente la figura dell'Opponente.

Figura 47 (frame 1)

Figura 48 (frame 2)

Soggetto	Anti-Soggetto	Oggetto	Destinante	Aiutante	Destinatario	Opponente
Mutui	X				Coloro che	
		Free Finance	Impresa FreeFinance	Il sito www.freefinance.it	devono stipulale un mutuo	X

Tabella 12

Analisi del banner Free Finance: in questo banner, l'Oggetto è costituito dai Mutui, il Soggetto verso il quale esiste un rapporto di desiderio è rappresentato da Free Finance, il Destinante è l'impresa Free Finance che offre questo tipo di servizio, il

Destinatario è rappresentato da tutti coloro che devono stipulare un mutuo, mentre l'Aiutante è il sito stesso www.freefinance.it. Non esiste Opponente e Anti-Soggetto in tale struttura semio-narrativa.

Figura 49 (frame 1)

Figura 50 (frame 2)

Soggetto	Anti-Soggetto	Oggetto	Destinante	Aiutante	Destinatario	Opponente
Donna in figura che si presume sia in difficoltà	X	Buone risposte	Impresa che offre questo servizio	www.sosdonna.it	Donne che si trovano in difficoltà	X

Tabella 13

Analisi del banner SOS Donna: l'Oggetto di valore in questo banner sono le Buone Risposte offerte alle donne in difficoltà. Il Soggetto è costituito dalle donne che sono in difficoltà, il

195

Destinante è l'impresa che offre questo tipo di servizio, il Destinatario sono le donne in difficoltà, mentre l'Aiutante è il sito www.sosdonna.it che offre la soluzione ai vari tipi di problemi (aiutante magico). Non sono presenti Anti-Soggetto e Opponente.

Figura 51

Soggetto	Anti-Soggetto	Oggetto	Destinante	Aiutante	Destinatario	Opponente
Navigatore Ideale	X	Vincita dell'automobile Isuzu Axiom	Impresa che offre questo servizio	Il sito	Tutti gli utenti che vogliono vincere un'auto	X

Tabella 14

Analisi del banner Enter to Win: l'Oggetto è rappresentato dalla vincita dell'automobile Isuzu Axiom, il Soggetto è il navigatore ideale, il Destinante è l'impresa che offre questo tipo di servizio e quindi di vincita, il Destinatario sono tutti gli utenti che sono interessati alla vincita di un'automobile, l'Aiutante è rappresentato dal sito stesso in cui è possibile realizzare tale vincita. Anche in questo caso, Anti-Soggetto e Opponente non sono presenti.

Figura 52 (frame 1)

Figura 53 (frame 2)

Soggetto	Anti-Soggetto	Oggetto	Destinante	Aiutante	Destinatario	Opponente
Navigatore Ideale	Energia elettrica prodotta con industrie inquinanti	Energia elettrica pulita	Impresa Green Mountain Energy	Green Mountain Energy	Imprese oppure utenti sensibili alle problematiche ambientali	Industria che produce energia elettrica che inquina l'ambiente. In figura anche il paesaggio è arido, privo di verde a causa dell'inquina-mento

Tabella 15

Analisi del banner Green Mountain Energy: questo banner è il più completo da un punto di vista semio-narrativo, in quanto sono presenti tutte le figure dello schema attanziale. Inoltre è possibile notare l'utilizzo di sineddoche (figura retorica consistente nell'esprimere un'immagine per mezzo di un'altra che la comprenda o la compensi). Passiamo subito alla rassegna di ognuno di essi: il Soggetto è il navigatore ideale, l'Anti-Soggetto è rappresentato dall'energia elettrica prodotta con industrie inquinanti, l'Oggetto di valore è l'energia elettrica pulita, il Destinante è l'impresa che offre questo servizio oppure gli utenti sensibili alle problematiche ambientali, l'Opponente è l'industria che produce energia elettrica che inquina.

In conclusione, è possibile affermare che gran parte dei banner analizzati hanno un programma narrativo molto ridotto, dovuto probabilmente alle specifiche caratteristiche tecniche di tale forma di comunicazione pubblicitaria, basata soprattutto a incuriosire il navigatore.

Nella relazione Soggetto/Oggetto è possibile notare un desiderio di congiunzione. Per quanto riguarda l'Aiutante, tende a coincidere con il sito di appartenenza. Anti-soggetto e Opponente solitamente non sono presenti nella struttura narrativa.

SEGRETO n. 39: in rete i banner che "funzionano meglio" hanno un programma narrativo molto ridotto, mirato soprattutto a incuriosire e catturare il navigatore.

RIEPILOGO DEL GIORNO 5:

- SEGRETO n. 33: per avere dei banner più efficaci dal punto di vista semiotico, dobbiamo riferirci a modelli teorici presenti nella pubblicità tradizionale e adattarli alle caratteristiche di questo nuovo mezzo pubblicitario.

- SEGRETO n. 34: il modello della salvezza prevede lo svolgimento dell'argomento pubblicitario a partire da un desiderio o da una speranza iniziali che risultano di difficile realizzazione. Si rende così necessario ricorrere a un terzo (l'Eroe) che mette in atto la soluzione.

- SEGRETO n. 35: il modello del paradosso prevede lo svolgimento dell'argomento pubblicitario a partire da una problematica di tipo paradossale (qualcosa di apparentemente irrisolvibile); il banner propone la soluzione.

- SEGRETO n. 36: il modello dell'enigma prevede lo svolgimento dell'argomento pubblicitario a partire da una problematica di tipo interrogativo (qualcosa da risolvere); il banner propone la una domanda che contiene la soluzione nella risposta.

- SEGRETO n. 37: il modello normativo prevede lo svolgimento dell'argomento pubblicitario a partire da un enunciato della regola che si presenta come irrevocabile.

- SEGRETO n. 38: il modello attanziale prevede determinati personaggi che svolgono precisi ruoli per definire il processo narrativo come Soggetto, Anti-Soggetto, Oggetto, Destinante, Aiutante, Destinatario e Opponente.

- SEGRETO n. 39 : in rete i banner che "funzionano meglio" hanno un programma narrativo molto ridotto, mirato soprattutto a incuriosire e catturare il navigatore.

GIORNO 6:

Come analizzare e comprendere l'effettivo ritorno in termini quantitativi della tua pubblicità in internet

Introduzione

Questo Giorno ha come oggetto di analisi la campagna pubblicitaria on line "Audi A2" iniziata nel luglio del 2000. Si è attribuita particolare attenzione all'utilizzo dei new media (banner e sito web) come supporti di comunicazione pubblicitaria in un'ottica di marketing interattivo e customer-oriented. Si sono analizzate, inoltre, le ragioni e gli effetti di senso generati dall'utilizzo della struttura figurativa tipica dei new media come soluzione formale e simbolica dell'intera campagna pubblicitaria; si tenterà di dimostrare come la "scelta" costituisca la linea isotopica fondamentale della campagna, ovvero l'elemento semantico ridondante «al fine di mantenere coerenza funzionale a immagine coordinata» (Traini, 1994).

Da un punto di vista metodologico, vista l'eterogeneità e la relativa ampiezza del materiale oggetto di indagine, si è preferito utilizzare un collage di strumenti e di categorie analitiche. Un approccio semiotico è stato utilizzato per analizzare i principali banner della campagna pubblicitaria.

Per quanto riguarda l'analisi del sito web, si è privilegiato un approccio cognitivo, con particolare riferimento al modello del flow, e a una prospettiva di marketing, con particolare attenzione alle nuove categorie, sviluppate nell'ambito della teoria di marketing relazionale e interattivo, per indagare le caratteristiche dell'esperienza della navigazione ipermediale e le conseguenze sul piano della strutturazione di un applicativo multimediale o di un sito on line nella "ragnatela" di internet.

L'auto come *informationally complex product* e bene a alto coinvolgimento

La comunicazione pubblicitaria è altamente dipendente dalle caratteristiche dello specifico prodotto. Insieme con gli attributi tipici dei target, queste costituiscono una fondamentale base di partenza del processo di creazione pubblicitaria. Per *caratteristiche* non si intendono solo quelle relative alla fisicità, alla fenomenologia del prodotto, ma anche quelle immateriali come le emozioni e le fantasie profonde che è possibile suscitare.

L'analisi della categoria di prodotti a cui appartiene quello da pubblicizzare si rivela importante per avere indicazioni di massima sui meccanismi psicologici in gioco e su quali elementi vadano accentuati nella comunicazione. Qualsiasi classificazione finora elaborata si è dimostrata rapidamente obsoleta; ciononostante la formulazione di ipotesi riguardo le comuni caratteristiche dal punto di vista comunicativo di una classe di prodotti rimane funzionale e utile nelle prime fasi del processo creativo pubblicitario.

Una tripartizione ancora di una certa validità è quella dell'American Marketing Association, che distingue tre categorie di prodotti:

1. convenience;
2. shopping;
3. specialty goods.

Alla prima classe appartengono quei beni comprati con una certa frequenza, il cui costo è basso e la decisione d'acquisto non problematica. Alla seconda, quella degli *shopping goods*, appartengono quei prodotti di costo elevato e ridotta frequenza di acquisto. La loro scelta è meditata, può comportare molto tempo e un'accurata ricerca di informazioni con la conseguente valutazione del rapporto qualità-prezzo, dello stile e di altri fattori. Sono beni caratterizzati spesso da un notevole investimento affettivo.

Nella categoria degli *specialty goods*, da molti considerata sovrapposta alle precedenti, rientrano quei beni caratterizzati da una qualche qualità che li rende unici. Spesso un prodotto rientra in questa classe in base a considerazioni soggettive basate su particolari modalità di consumo o su valori simbolico-emotivi.

L'automobile rientra nella categoria degli shopping goods. È un bene di costo elevato, la cui decisione d'acquisto è altamente coinvolgente a causa della percezione da parte del consumatore di un elevato rischio fisico (legato al suo uso), finanziario (dovuto alla notevole spesa che comporta) e sociopsicologico.

Quest'ultima componente di rischio è legata all'investimento affettivo e simbolico a cui spesso è soggetta l'automobile, sulla quale il consumatore può proiettare immagini di sé. L'auto può rientrare in alcune circostanze nella classe degli specialty goods e questo è l'obiettivo che generalmente la pubblicità persegue, attribuendo al prodotto delle caratteristiche distintive.

Prodotti con un diverso coinvolgimento non possono essere trattati allo stesso modo dal punto di vista pubblicitario, in quanto il livello di coinvolgimento è un'importante discriminante nella comunicazione.

Richard Vaughn (pubblicitario dell'agenzia Foote, Cone & Belding; cfr.: *Journal of Advertising Research*, vol. 20, 1980) ha proposto una classificazione degli obiettivi pubblicitari ottenuta dall'intersezione di due assi, relativi rispettivamente a un coinvolgimento *cognitivo-emotivo* e *forte-debole*. La pubblicità automobilistica, secondo questo pubblicitario, deve essere informativa, ossia svolgere quel ruolo che la tradizionale scienza economica le attribuisce.

C. Bonnange e C. Thomas, riportando lo schema di Vaughn, lo considerano una trappola la cui unica utilità è quella «di permettere di ragionare sulle categorie di prodotti, e non sulle marche» e di poter dare indicazioni per eventuali strategie di "contropiede" rispetto agli altri brands, in quanto il senso è dato solo nella e dalla differenza» (Bonnange, Thomas 1988).

Fabris (1992) sostiene che l'accento sull'indicazione di caratteristiche del prodotto che legittimano la scelta del consumatore e su un contenuto molto informativo, comune nel discorso pubblicitario sull'automobile, svolge una funzione di "ancoraggio". Infatti «anche se è probabile che la scelta avvenga poi su basi essenzialmente emozionali è però importante che il consumatore possa disporre di un supporto di informazioni oggettive a cui ancorare, per se stesso e per gli altri, la propria decisione d'acquisto».

Lo studioso riporta inoltre in forma di grafico (vedi Figure 54-55-56) dati empirici sui principali fattori intervenenti nella decisione d'acquisto del prodotto automobile da cui risulta, oltre all'importanza della razionalità, anche il ruolo del fattore sociale.

L'automobile è spesso usata come segno per comunicare il proprio status; inoltre, anche il fattore-emozione, pur non rivestendo un ruolo primario come per altri prodotti, risulta influire sulla decisione di acquisto. Emerge pertanto come il discorso pubblicitario sull'automobile possa far leva non solo sulla razionalità e su informazioni oggettive.

SEGRETO n. 40: la comunicazione pubblicitaria è altamente dipendente dalle caratteristiche dello specifico prodotto; insieme con gli attributi specifici dei target, costituisce una fondamentale base di partenza del processo di creazione pubblicitaria. Vanno considerate anche le emozioni e le fantasie più profonde che il prodotto riesce a far scaturire.

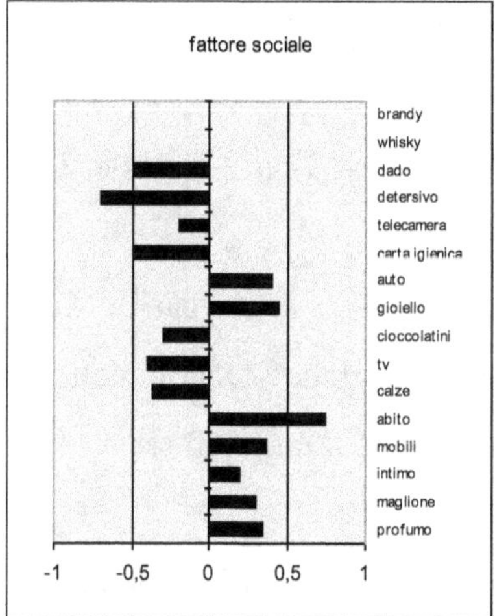

Figura 54 (da Fabris 1992)

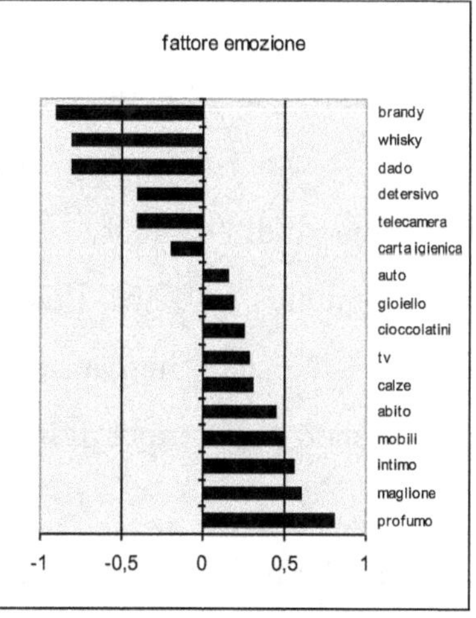

Figura 55 (da Fabris 1992)

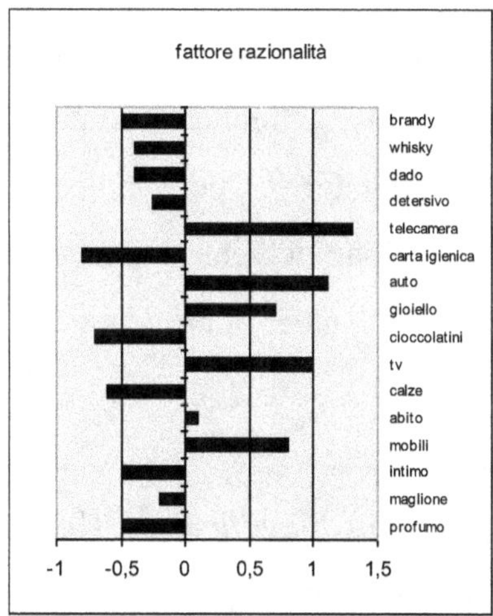

Figura 56 (da Fabris 1992)

Caratteristiche tecniche della campagna pubblicitaria

Centro media: Carat Interactive (www.carat.com).

Tipo di campagna: banner + bottoni + text link + newsletter + reach media (audio banner).

Scopo: comunicare il lancio della nuova A2, la citycar di Audi, spiegando le sue innovative caratteristiche tecnologiche e sperimentando nuovi modi di interagire con il target in rete.

Poiché la home page di Audi A2 è ricca di contenuti e informazioni sulla nuova citycar, per fornire un servizio all'utente che gli permettesse di essere "accompagnato" alla scoperta delle caratteristiche dell'Audi A2, sono stati ideati dal reparto creativo di Carat Interactive i *funner*. I funner sono pagine web intermedie che fungono da "puntatore", per indicare immediatamente all'utente l'esatta posizione del link di accesso alle informazioni di dettaglio, descritte dal banner di provenienza.

Target: 25-54 anni.

Numero di impression pianificate: 10.500.000, con una calendarizzazione alternata di siti per tutto il mese di luglio 2000.

Tipo di pianificazione: sono stati selezionati i siti e le sezioni degli stessi più "perforati", in base alle aree di interesse del target individuato, attraverso un'analisi condotta con l'indagine Eurisko New Media.

Numero di banner pianificati: sono state realizzate tre differenti creatività banner che illustravano le caratteristiche più innovative dell'auto. Il "copy" dei banner è stato quindi declinato tenendo conto del contesto editoriale nel quale è stato pianificato. Sono stati perciò individuati e adottati gli stessi "codici di comunicazione" e linguaggi utilizzati nei siti pianificati.

Tempo: il mese di luglio con due flight di campagna.

Redemption % ottenuta per banner e media: media generale banner:0,65%; audio banner: circa 1%; banner DHTML:3,75%; newsletter:1,8%.

I tipi di banner utilizzati

Audio banner: questa tipologia innovativa di banner ha l'obiettivo di creare un nuovo modo di interagire con l'utente internet, stimolando la sua curiosità, intrattenendolo e accorciando nello stesso tempo il "gap" tra l'utente e la conoscenza dell'offerta dell'azienda, facendogli "toccare" il suo prodotto/servizio.

Figura 57 (frame 1)

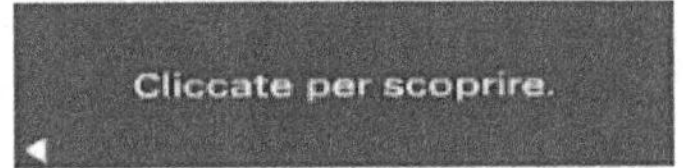

Figura 58 (frame 2)

Figura 59 (frame 3)

Camaleontic banner: alcuni studiosi dicono che *un banner è come un poster*. Sbagliatissimo! Un banner, piuttosto, è come un camaleonte, e come il grazioso rettile, vive meglio se cambia aspetto a seconda del sito e degli immediati dintorni in cui si trova. A differenza però del suddetto "animaletto", è bene che cambi anche a seconda dell'ora, del giorno, della provenienza della richiesta; che cambi se non viene cliccato… o se è stato già cliccato. Ciò aumenta di parecchio il numero dei banner da approntare, approvare, mettere e togliere, ma "aumenta" anche i risultati.

Pertanto, sono stati sviluppati tre soggetti di banner (uno per ogni caratteristica innovativa dell'auto in lancio). Ciascuno di questi è stato poi declinato utilizzando un visual e un copy che fossero affini al contesto editoriale e agli interessi degli utenti di ciascun sito pianificato.

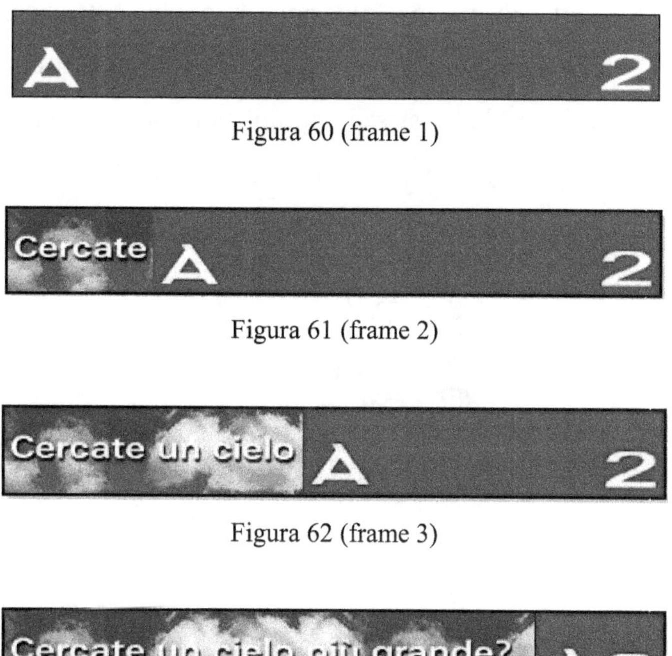

Figura 60 (frame 1)

Figura 61 (frame 2)

Figura 62 (frame 3)

Figura 63 (frame 4)

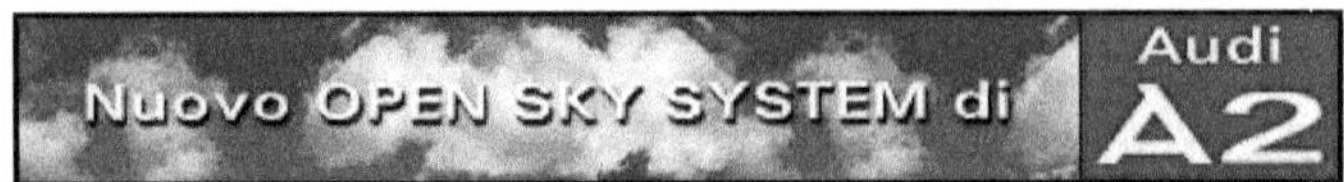

Figura 64 (frame 5)

Banner in DHTML: il banner in DHTML è una forma innovativa di rich media banner, ancora non particolarmente utilizzato in Italia. Si tratta di un oggetto cliccabile che "attraversa" lo schermo dell'utente nel momento in cui si collega con un sito o con una sezione dello stesso, stimolando la sua curiosità e incentivando il click-through. Per questo motivo il banner DHTML consente di raggiungere elevati tassi di redemption.

Figura 65

I funner: i funner sono pagine web intermedie che fungono da puntatore a una particolare area della pagina web linkata al banner. La loro funzione è quella di indicare immediatamente all'utente l'esatta posizione del link di accesso alle informazioni di dettaglio descritte dal banner di provenienza.

Figura 66

Figura 67

SEGRETO n. 41: il banner deve essere adattato al sito in cui si trova e all'utente che lo sta cliccando, cambiando continuamente colori, immagini e slogan.

Tra suggestione e razionalità

Nella campagna pubblicitaria Audi A2 sono presenti due tipi di approcci diversi ma che si completano vicendevolmente: suggestione e informazione. Numerosi studiosi in ambito pubblicitario sostengono la necessità di una comunicazione che sia al contempo seducente e informativa. Cito un passo da Bonnange, Thomas (1988): «Non ci sono miracoli in pubblicità, non vi è altro che il rispetto delle due regole di base per una buona comunicazione: la seduzione e l'argomentazione. Non dimentichiamo che entrambe hanno la stessa importanza.»

SEGRETO n. 42: è necessario effettuare una campagna pubblicitaria utilizzando un approccio suggestivo e razionale.

D'altronde, in un settore come quello automobilistico in cui vi è una notevole standardizzazione dei prodotti, la particolare produzione di un'azienda deve, per emergere e distinguersi, poter contare su di una strategia di comunicazione che fonda abilmente suggestioni e razionalità.

Queste considerazioni appaiono ancora più veritiere notando che, tra i banner in esame, quello che si contraddistingue per la tendenza verso una maggiore referenzialità è «La nuova leggerezza tecnologica», che presenta la più recente innovazione tecnologica proposta dalla Audi. La prima vettura prodotta in serie su larga scala con carrozzeria completamente in alluminio. Grazie all'evoluzione della tecnologia Audi Space Frame, il telaio della A2 è di oltre il 40% più leggero di un'equivalente struttura in acciaio.

È da sottolineare come tuttavia, essendo la pubblicità sostanzialmente un codice connotato, una totale coincidenza tra la pura denotazione e la referenzialità non si verifica mai in quanto «la pubblicità presenta sempre un *far valere*» (Bussi Parmiggiani 1988), un'esaltazione del prodotto, anche se questo e i suoi valori d'uso sono i protagonisti del discorso pubblicitario.

Si possono avere messaggi orientati al prodotto che tendono verso l'ordine della denotazione e altri prevalentemente orientati al ricevente e tendenti verso quello della connotazione. Bussi schematizza questa situazione e immagina il messaggio come un filo congiungente i poli di un continuum (*denotazione* e *connotazione* appunto):

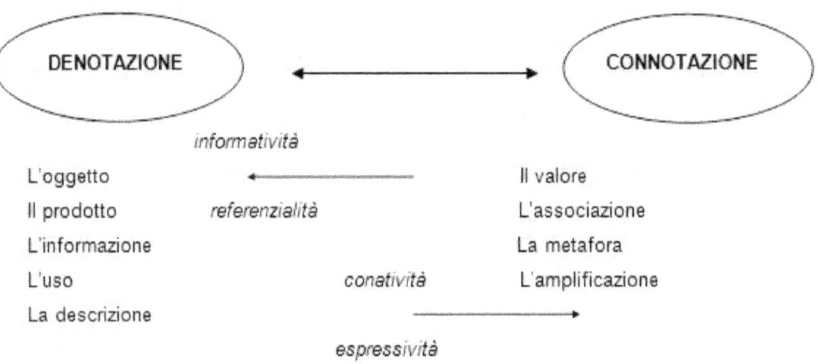

Figura 68 (da Bussi Parmiggiani 1988)

Negli "annunci pubblicitari" Audi (il termine *annunci* si riferisce ai banner, che vengono considerati come una sorta di annunci pubblicitari tradizionali) le funzioni di suggestione e di argomentazione razionale sono svolte sia dal linguaggio verbale sia da quello dell'immagine, anche se in maniera differente e legata alle loro diverse caratteristiche.

Il linguaggio verbale è infatti sicuramente una modalità comunicativa che maggiormente si presta a un'argomentazione informativa e razionale, mentre l'immagine è più adatta a fornire suggestioni e a suscitare emozioni.

Questo duplice approccio, suggestivo e razionale, rimanda alla *teoria dei due linguaggi*, ossia il digitale e l'analogico, il cui più noto fautore è P. Watzlawick (Watzlawick, Beavin, Jackson 1971; Bonnange, Thomas 1988). Questa teoria afferma che l'essere umano comunica con due modalità: una cerebrale, logica e analitica, e una analogica, dell'immagine, non verbale. La comunicazione pubblicitaria Audi si può dire utilizzi non solo più codici (visivo, sonoro e verbale), ma anche differenti registri (informativo, razionale, simbolico, metaforico, analogico).

Nel seguente grafico (Figura 69) opero una distribuzione delle pubblicità della campagna sull'asse denotazione-connotazione:

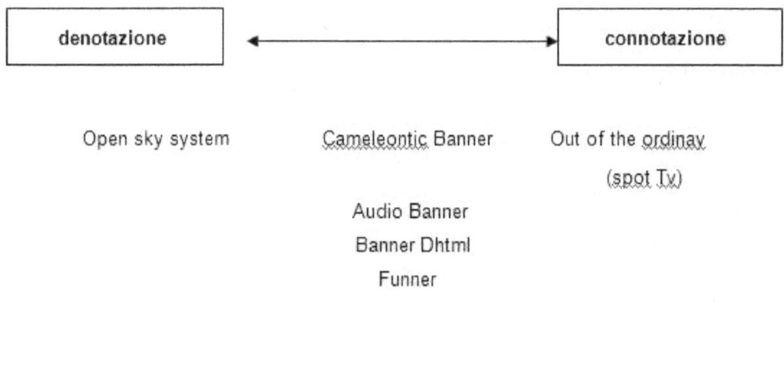

Figura 69

Dissonanza e l'obiettivo del *mantenimento della fedeltà*

La scelta d'acquisto di un'automobile può essere fonte di ansia e di "dissonanza cognitiva". Con questo termine si intende quella tensione a cui è soggetto il consumatore quando riceve informazioni tanto forti e contrastanti con le sue opinioni e i suoi atteggiamenti da convincerlo a metterli in discussione.

Questa condizione è stata analizzata da molti studiosi, il più famoso dei quali è L. Festinger (1971). La caratteristica fondamentale che il prodotto deve possedere per essere oggetto di informazioni dissonanti per il consumatore è un forte coinvolgimento. L'auto non solo possiede questo requisito, ma è proprio nei comportamenti verso questo bene che è stata principalmente osservata la dissonanza cognitiva.

Conseguenza diretta della possibile presenza di questo stato tensivo, soprattutto nei momenti successivi all'acquisto dell'automobile, è la necessità per la pubblicità automobilistica di porsi come obiettivo non solo la decisione di acquisto, ma anche il consolidamento della fedeltà alla marca da parte del consumatore.

Secondo Aaker e Myers (1991) il mercato è suddiviso in tre segmenti:

1. quello delle persone che non acquistano la classe del prodotto (che, per quanto riguarda il *prodotto-auto*, è molto limitato);
2. quello di coloro che acquistano esclusivamente altre marche;
3. quello includente le persone che acquistano esclusivamente la marca in esame e quelle che l'acquistano, ma non in modo esclusivo.

La pubblicità può avere come obiettivo quello di ridurre la possibilità che i clienti fedeli alla marca decidano di provarne altre o passino definitivamente nel secondo segmento, quello di coloro che acquistano esclusivamente altre marche. Per perseguire questo scopo, il messaggio reclamizzante il prodotto può cercare di ricordare al consumatore alcune sue importanti caratteristiche e fornire quelle informazioni rassicuranti sulla scelta d'acquisto appena compiuta, di cui il consumatore va spesso in cerca attivamente per risolvere una situazione di dissonanza. Molti studiosi, infatti, sostengono che le persone non cercano di trovare la soluzione ottimale, ma di ricevere informazioni che confermino le loro scelte e le legittimino. Nella campagna della Audi A2 i banner sono indirizzati in maniera esplicita a questo scopo di rassicurazione sull'acquisto.

Il *discorso prodotto*

Nella società moderna è sempre più difficile, per i professionisti del marketing, individuare target precisi, gruppi sociali omogenei. P. Weil (1990) individua nel «diffondersi dell'individualismo e del narcisismo, nel frantumarsi dei valori sociali una minaccia per il marketing». I criteri sociodemografici e socioculturali, che sono stati a lungo utilizzati per localizzare precisi bersagli, non permettono più classificazioni e tipologie accurate. Bisogna constatare che «l'accesso generalizzato al consumo ha reso più complessi le localizzazioni e i legami lineari fra il consumo e lo status».

Tre sono, secondo la studiosa, le strade percorribili dalla comunicazione:

- il *discorso emittente*, ossia un discorso rassicurante, in cui l'emittente, marca o impresa che sia, pone se stesso come fonte di autorità; è un discorso di leadership, in cui l'emittente non porta alcuna argomentazione ma mostra unicamente i segni del proprio prestigio;

- il *discorso prodotto*, in cui la legittimità dell'emittente viene dimostrata e in cui il vero protagonista è il prodotto;

- Il *discorso e l'illustrazione del target*, in cui la legittimità dell'emittente è legata alla vocazione, alla sua utilità pratica o ai benefici psicologi che porta.

La consapevolezza di target non omogenei e fuggevoli ha portato a considerare i notevoli rischi della loro rappresentazione all'interno di messaggi pubblicitari e se, fino a pochi anni fa, la comunicazione più utilizzata era quella in cui veniva illustrato il target, recentemente si è potuta constatare un'inversione di tendenza e un recupero delle altre due strategie.

La comunicazione pubblicitaria Audi è del tipo *discorso prodotto*, in cui si cerca di *dimostrare* la competenza dell'impresa o l'unicità dei singoli modelli. Questo tipo di comunicazione viene utilizzata in questa campagna con diverse modalità.

La dimostrazione delle qualità del prodotto può avvenire meglio in maniera più specificamente referenziale e tecnica o in maniera più "onirica", rivestendo metaforicamente il prodotto. Quest'ultima modalità è tipica della pubblicità suggestiva, che gioca sulle emozioni e sulle connotazioni, e privilegia, alla piatta enumerazione delle qualità dell'oggetto, il tentativo di modellare una identità motivante al prodotto. L'illustrazione del prodotto avviene quindi utilizzando «un registro simbolico capace di superare le segmentazioni dei target» (Weil 1990).

SEGRETO n. 43: al centro della campagna pubblicitaria non è più il prodotto destinato a un'audience eterogenea e di massa, ma l'individuo, dotato di una propria personalità e in

qualche modo unico, anche se catalogabile in termini di target o di gruppo di riferimento.

Il contratto enunciativo e il lettore modello

Alla base del modello semiotico-enunciazionale, che nasce come sviluppo di quello semiotico-testuale, vi è la considerazione che, non essendoci interazione diretta tra emittente e ricevente nei messaggi attraverso i media, «la comunicazione avviene attraverso il testo ed è *nel testo*, dunque che devono essere introdotti, da una parte e reperiti dall'altra, (I) sia le immagini, o *simulacri*, tanto dell'emittente, quanto del destinatario, (II) sia il simulacro di uno scambio interazionale» (Grandi 1994).

Il simulacro (testuale) del ricevente è costituito da tutte quelle proprietà che l'emittente gli assegna in via ipotetica, che, prese in considerazione, modellano la forma del suo messaggio. La vera efficacia di una comunicazione, che per Greimas è principalmente uno scambio di valori, non sta nella perfetta ricezione di determinati contenuti (che sono valori cognitivi) ma nell'*assunzione* (Magli, Pozzato 1985) di specifici valori pragmatici, di un preciso atteggiamento comunicativo. Per questa assunzione, che avviene se il ricevente aderisce in maniera totale a questi valori, di fondamentale importanza sono i simulacri enunciazionali presenti nel testo.

U. Eco parla delle strategie testuali dell'*autore e lettore modello* e considera la cooperazione testuale «non l'attualizzazione delle intenzioni del soggetto empirico dell'enunciazione, ma le intenzioni virtualmente contenute nel testo» (Eco 1979). Applicando il modello semiotico-enunciazionale a un testo pubblicitario, si può cercare di individuare il contratto enunciativo presente in esso, le strategie enunciative adottate e il profilo del lettore modello.

E. Veron (1990), in suo studio sui giornali femminili di alta qualità, individua due distinte strategie enunciative (che per l'autore rappresentano due diversi tipi di contratto di lettura; mantengo qui la distinzione tra *contratto di lettura* e *contratto enunciativo* o *dispositivo-enunciazionale* attuata in Grandi 1994): quella della *complicità* e quella della *distanza*.

Sintetizzando: *la strategia della complicità* si avvale di diverse tecniche volte a rendere il destinatario come un co-enunciatore (utilizzo del "noi" inclusivo, la rappresentazione dell'enunciatario come enunciatore che prende personalmente la parola, la costruzione nel testo di un vero e proprio dialogo tra i due soggetti comunicativi e varie forme di interpellazione).

La strategia della distanza è invece caratterizzata da due diverse forme: *pedagogica* e *non pedagogica*. Nel secondo caso il registro è impersonale, i discorsi sono in terza persona tendenti a creare un'aura di oggettività e sono totalmente assenti forme interpellative. Si ha quindi, usando un termine greimasiano un "mascheramento oggettivante", un enunciatore che lascia libertà di giudizio e di adesione o meno all'enunciatario.

Nel caso della distanza pedagogica, invece, l'enunciatore tiene a distanza l'enunciatario e i due soggetti sono chiaramente distinti. Il primo, alla luce del proprio sapere, gestisce l'universo discorsivo, consiglia e spiega al secondo che è ascoltatore attivo e capace di mettere in opera i suggerimenti che riceve.

La campagna Audi, per quanto riguarda il *dispositivo enunciazionale*, pare essere caratterizzata da un rapporto tra enunciatore ed enunciatario *omogeneo in tutte le pubblicità*. Sono riscontrabili tecniche enunciative di complicità, e di distanza non pedagogica.

Pubblicità	*Strategie enunciative*
Audio Banner	Complicità/Distanza non pedagogica
Banner	Complicità/Distanza non pedagogica
Funner	Complicità/Distanza non pedagogica

Tabella 16

Audio banner:

- frame 1: «Cliccate per scoprire»;
- frame 2: «Audi A2 more from less»;
- frame 3: «Guidate col mouse».

È possibile notare forme di interpellazione (complicità); il testo è per il resto totalmente impersonale (distanza non pedagogica).

Banner:

- frame 1: «Cercate un cielo più grande?»;
- frame 2: «Nuovo open sky system di Audi A2»;

Dal punto di vista testuale sono presenti solo forme impersonali (distanza non pedagogica). L'interpellazione denota complicità.

Funner:

- head-line: «Di quanti litri ha bisogno la mia Audi A2?»; interpellazione (complicità);
- body-copy: «Perché la nuova Audi A2 1.2 TDI ha bisogno di soli 3 litri per 100 km»; totalmente in forma impersonale (distanza non pedagogica).

Il lettore modello costruito all'interno delle pubblicità Audi possiede una buona cultura ed è dotato di quelle competenze linguistiche squisitamente tecniche, riguardo all'oggetto-automobile, necessarie per comprendere completamente i body-copy. È quindi, probabilmente, un individuo di sesso maschile. A questo proposito, Brochand e Lendrevie (1988) sostengono che, per quanto riguarda l'acquisto di un'automobile, la scelta sia spesso una decisione autonoma del marito e che comunque l'opinione di questo sia predominante su quella della moglie, la quale invece può svolgere un ruolo determinante nella raccolta delle informazioni.

Il lettore modello Audi possiede, inoltre, buone competenze intertestuali (conoscenza di altri testi pubblicitari) ed è disponibile a un'attiva cooperazione interpretativa. È un uomo attento e sensibile ai problemi ambientali, che vive internamente il contrasto tecnologia-natura e che ne cerca una conciliazione.

SEGRETO n. 44: i body-copy devono essere sempre sviluppati tenendo conto del target che si vuole raggiungere. Nel caso specifico della campagna pubblicitaria A2 i body-copy sono di taglio consistente in quanto indirizzati a un'utenza di cultura medio-alta e con competenze linguistiche particolarmente elevate.

La valorizzazione

Il modello teorico narrativo della semiotica strutturale dà particolare rilievo alla dimensione polemica, di scontro tra soggetti con valori e obiettivi differenti. Greimas sostiene che non esiste narrazione senza questa dimensione conflittuale e che la comunicazione, all'interno di essa, è considerata principalmente come circolazione di valori. Lo studioso individua diverse pratiche significative basate proprio su differenti valori (prassi sacra, estetica, ludica, pratica). Greimas attribuisce all'automobile come oggetto di valore una duplice funzionalità: pratica e mitica.

L'argomento della funzionalità dell'automobile è stato elaborato da Floch in ambito pubblicitario (Floch 1990). Secondo lo studioso francese, se della vettura sono celebrate qualità come la maneggevolezza, l'affidabilità e la sicurezza, essa è investita di valori d'uso. Se invece l'auto viene a coincidere con la figura della vita e della bellezza o a rappresentare l'identità del conducente e il suo status sociale, allora riceve l'attribuzione di valori di base, esistenziali. Spesso la pubblicità di una vettura dà una conciliazione mitica a questi due tipi di valori che vengono considerati come dicotomici, come legati da una relazione di contrarietà. Floch individua quattro possibili tipi di valorizzazione:

- *valorizzazione pratica* – l'oggetto è investito di valori d'uso, "valori utilitari" opposti a quelli esistenziali;
- *valorizzazione utopica* – l'oggetto è investito di valori di base, "valori esistenziali" opposti ai valori d'uso;
- *valorizzazione ludica* – investimento di valori "non utilitari";

- *valorizzazione critica* – investimento di valori "non esistenziali".

Si possono rappresentare queste categorie semantiche di base della significazione, in relazione all'*oggetto automobile*, attraverso il quadrato semiotico come in Figura 70.

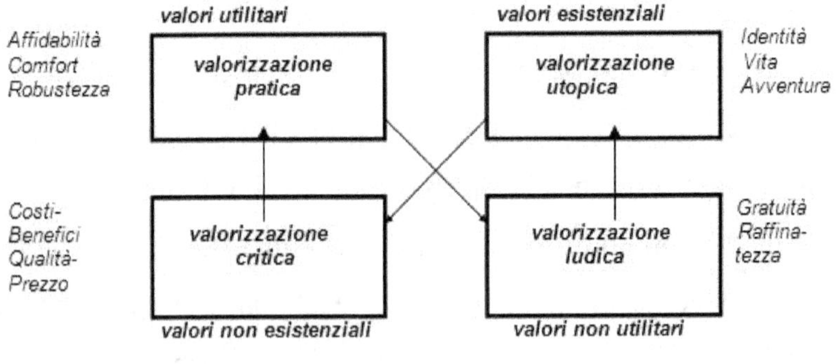

Figura 70 (da Floch 1990)

Seguendo le indicazioni di Floch e utilizzando sempre il quadrato semiotico, modello base della significazione, la valorizzazione dell'"oggetto automobile" messa in atto in questa campagna istituzionale può essere rappresentata come segue (Figura 71):

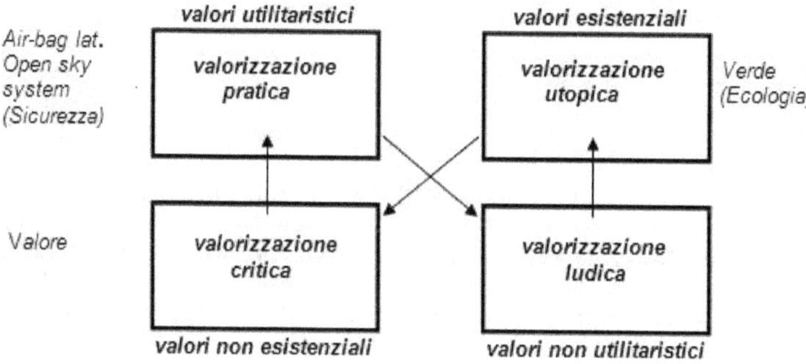

Figura 71

Positioning di marca

La progressiva standardizzazione e la scomparsa di forti caratteri differenziali oggettivi fra le marche automobilistiche, che ho in precedenza sottolineato, ha anche l'importante conseguenza di rendere il posizionamento dell'azienda, in un mercato altamente competitivo, una questione di vitale importanza.

«Posizionare una marca significa attribuire alla marca delle caratteristiche uniche, indistinguibili, da un lato, e facilmente riconoscibili, persistenti nel tempo, rilevanti per il consumatore, dall'altro» (Fabris 1992). Caratteristiche che costituiranno il patrimonio, la vera essenza della marca stessa, in quanto tutte le marche hanno una natura relazionale (Semprini 1991).

Il posizionamento è quindi quella fondamentale scelta di marketing su cui sarà poi sviluppato il discorso pubblicitario e che è di totale competenza dell'utente. Il posizionamento deve avere come requisito la costanza e un accurato esame della concorrenza. Esistono sette tipi di strategie di positioning (Aaker, Myers 1991):

- attraverso le caratteristiche del prodotto e i benefici per il consumatore;
- attraverso il rapporto prezzo-qualità;
- attraverso l'impiego o l'applicazione;
- tramite l'utilizzatore;
- tramite la classe prodotto;
- tramite simboli culturali;
- rispetto alla concorrenza.

La casa tedesca occupa una posizione di rilievo nei segmenti alti, insieme alla BMW e alla Mercedes, e ha focalizzato la propria produzione sulla qualità dei modelli. La strategia di positioning scelta dalla Audi è quella che si basa sulle caratteristiche del prodotto e sui benefici per il consumatore. Questa scelta è indicata in modo eloquente dal pay-off *qualità e sicurezza* che accompagna ormai da molti anni il company name. Il pay-off sintetizza la strategia di comunicazione e costituisce spesso, come in questo caso, la frase di posizionamento. Le sue funzioni principali sono di riassumere la filosofia dell'azienda e di evidenziare le caratteristiche del prodotto ritenute centrali.

L'azienda Audi non pone l'accento su una sola caratteristica dei propri prodotti, ma anche sul rispetto ambientale e sui benefici del valore e della sicurezza. Questo posizionamento pluridimensionale, più rischioso, è in parte una scelta obbligata dell'azienda per raggiungere una propria personalità, visto che su ogni dimensione nel mercato automobilistico altamente competitivo vi è il contemporaneo posizionamento di molte altre marche (ad esempio: Volkswagen = durata; Ford = sicurezza).

Le previsioni dei prossimi mutamenti a livello economico e demografico sono per un innalzamento, nel medio termine, del reddito e del livello di scolarizzazione. Il maggior reddito disponibile preannuncia la sostituzione dell'etica dell'investimento e dell'affare a quella del risparmio, una più elevata propensione all'acquisto e la «tendenza a privilegiare la qualità, a concedersi il meglio» (Fabris 1992). La maggiore scolarizzazione prefigura una nuova figura di consumatore, più critico, interessato a ricevere maggiori informazioni sui beni che compra, più attento ai propri acquisti e al loro rapporto qualità-prezzo.

RIEPILOGO DEL GIORNO 6:

- SEGRETO n. 40: la comunicazione pubblicitaria è altamente dipendente dalle caratteristiche dello specifico prodotto; insieme con gli attributi specifici dei target, costituisce una fondamentale base di partenza del processo di creazione pubblicitaria. Vanno considerate anche le emozioni e le fantasie più profonde che il prodotto riesce a far scaturire.

- SEGRETO n. 41: il banner deve essere adattato al sito in cui si trova e all'utente che lo sta cliccando, cambiando continuamente colori, immagini e slogan.

- SEGRETO n. 42: è necessario effettuare una campagna pubblicitaria utilizzando un approccio suggestivo e razionale.

- SEGRETO n. 43: al centro della campagna pubblicitaria non è più il prodotto destinato a un'audience eterogenea e di massa, ma l'individuo, dotato di una propria personalità e in qualche modo unico, anche se catalogabile in termini di target o di gruppo di riferimento.

- SEGRETO n. 44: i body-copy devono essere sempre sviluppati tenendo conto del target che si vuole raggiungere. Nel caso specifico della campagna pubblicitaria A2 i body-copy sono di taglio consistente in quanto indirizzati a un'utenza di cultura medio-alta e con competenze linguistiche particolarmente elevate.

GIORNO 7:

Come il messaggio marketing diventa interattivo e spinge l'utente in un mondo virtuale

Dal marketing product-oriented all'interactive marketing

Il ricorso a strumenti interattivi in ambiente ipermediale, come le pagine web o i cd-rom, non può essere visto esclusivamente come un riflesso condizionato del mondo del marketing nei confronti di una nuova disponibilità tecnologica.

Già prima della diffusione dei servizi di rete e della penetrazione capillare di infrastrutture informatiche hardware e software, nella letteratura di marketing si è diffuso un ambito di ricerca volto all'instaurazione di un rapporto interattivo e personale fra impresa e mercato. Da più parti si è sottolineata l'importanza di un rapporto comunicativo *two-way* e *one-to-one*, la compressione dello spazio-tempo nei processi di transazione economica e la possibilità di immagazzinare informazioni personali sui bisogni e sulle scelte dei singoli consumatori in database elettronici;

possibilità, queste, rese attuabili dai nuovi supporti della comunicazione.

È soprattutto all'interno del nuovo paradigma del marketing relazionale che si focalizza l'attenzione sul network di relazioni che si sviluppano fra impresa e cliente attuale o potenziale. Da questo punto di vista, internet e gli altri new media, per il carattere intrinsecamente ibrido del loro impianto comunicazionale, vengono percepiti non solo come media, ossia semplici supporti fisici in grado di ottimizzare determinate esigenze della comunicazione d'impresa, ma come veri e propri ambienti (CME: Computer Mediated Environment) in cui costruire conoscenze e sviluppare rapporti.

Da tempo, del resto, il paradigma tradizionale (significativa in questo senso la classica definizione del marketing dell'American Marketing Association: «Marketing is the process of planning and executing the conception, pricing, promotion and distribution of ideas, goods and services to create exchange and satisfy individual and organizational obiectives») del marketing (*marketing mix*, quattro "p") orientato al prodotto, che assume implicitamente un modello passivo dell'atto di consumo, dettato da una visione economicista del consumatore razionale, ha cominciato a scontrarsi con una serie di evidenze sul piano empirico, che sottolineano la complessità e la multifattorialità che accompagnano il comportamento del consumatore.

Da una parte la psicologia «sottolinea molteplici variabili individuali nella scelta di consumo e interscambio fra componenti cognitive e emotive" (Grandi 1994) e «l'intelligenza, il carattere, le motivazioni, gli atteggiamenti, le opinioni, la percezione, i tratti della personalità, riacquistano dignità di studio e divengono variabili intervenenti» (Fabris 1992).

Dall'altra parte, ma non in contrasto con l'approccio psicologico, le discipline sociali (la sociologia, l'antropologia e la semiotica) sottolineano la dimensione simbolica dell'atto di consumo, considerando la merce come un sistema di significazione dotato di una grammatica e di una sintassi proprie: «I beni sono accessori rituali; il consumo è un processo rituale la cui funzione primaria è di dare un senso al flusso indistinto degli eventi» (Douglas, Ischerwood, 1984), identificando l'essenza del marketing in un «processo di scambio (transazione) cioè scambio di valori non necessariamente di natura economica» (Grandi, 1994). In generale, questi approcci hanno sottolineato il ruolo attivo dell'atto di consumo e la sua intrinseca semioticità.

Altri fattori strutturali hanno determinato l'affermazione di un nuovo concetto di marketing basato sull'interazione e un rapporto personale fra impresa e cliente:

- la crescente omogeneità di prodotto e lo sviluppo di una tecnologia produttiva, che permette la produzione di piccole serie a costi competitivi, rendono molto veloce il processo di imitazione dell'innovazione, generando una valanga di nuovi prodotti e di extension-line, e una guerra per lo spazio espositivo nei negozi;
- eccessivo affollamento pubblicitario, che ha portato a una saturazione dei supporti comunicativi tradizionali, con sempre più difficile memorizzazione del singolo messaggio;
- mutamenti nell'ascolto televisivo (zapping, videocassette…) e ricerca di nuovi canali di comunicazione;
- evoluzione del sistema di valori del consumatore, che vuole sempre più essere trattato come individuo e non come massa

indifferenziata; un consumatore più colto ed esigente, che pretende informazioni complete prima dell'acquisto;

- crisi dei tradizionali criteri di segmentazione basati su variabili sociodemografiche; sempre maggiore frammentazione sociale e degli stili di vita, con forme di identificazione trasversale rispetto a variabili tradizionali, quali il reddito, il sesso, l'età;
- concorrenza ai media tradizionali e valorizzazione del tempo libero, con sempre più concorrenti a tradizionali media di massa (in particolare tv) e attenzione crescente alla qualità di utilizzo del tempo libero come risorsa fondamentale del terzo millennio.

Al centro, dunque, non è più il prodotto destinato a un'audience eterogenea e di massa, ma l'individuo, dotato di una propria personalità e in qualche modo unico, anche se catalogabile in termini di target o di gruppo di riferimento.

Del resto la letteratura di marketing ha cominciato a parlare di marketing interattivo o diretto già alla fine degli Anni '80, quando ancora l'esplosione di internet e dei new media era di là da venire.

La Direct Marketing Association lo definisce come «un sistema interattivo che ricorre a uno o più media pubblicitari allo scopo di ottenere dal cliente potenziale una risposta misurabile e/o una transazione in un luogo qualunque» (Lambin 1989). Si tratta di una definizione che sottolinea come per *marketing diretto* non si intenda necessariamente una forma di vendita diretta (in internet oggi si parla di *teleshopping*).

Per *marketing interattivo* si intende, invece, un sistema di marketing essenzialmente relazionale, il cui obiettivo è quello di «stabilire un contatto diretto con gli acquirenti potenziali o con i clienti allo scopo di instaurare o mantenere un rapporto costante» (Lambin 1989). È evidente come, nel caso del sito web e del cd, la transazione non costituisca l'obiettivo centrale. Come si mostrerà in seguito, gli obiettivi fondamentali di questi supporti sono il fornire informazioni, realizzare un contatto personale con il cliente e un generale rinforzo del brand-image.

SEGRETO n. 45: il nuovo concetto di marketing on line è centrato non più sul prodotto ma sull'individualità dell'utente, che ha una sua personalità unica, anche se

comunque catalogabile a un determinato target o gruppo di riferimento.

Uno schema comunicativo ibrido: interazione *con* e *attraverso* il medium

Nei media di massa tradizionali la pubblicità sviluppa un rapporto comunicativo di tipo asimmetrico e unidirezionale e la relazione fra impresa e clienti attuali o potenziali può attuarsi solo a livello simulacrale, ovvero all'interno di una strategia discorsiva testualmente e intertestualmente definita, che mira a creare un proprio lettore modello, comunicando, al contempo, un'immagine, un mondo possibile, in cui convergono valori e emozioni con cui il prodotto, marca, impresa si identifica.

È pur vero, infatti, secondo un approccio semiotico alla comunicazione di massa, che il senso si definisce sempre in termini contrattuali e polemici fra emittenti e destinatari, risultando di fondamentale importanza il contesto culturale e il sistema di relazioni interpersonali nell'ambito del quale il messaggio massmediatico viene "consumato". Tuttavia…

«Non vi sono dubbi che il grado di partecipazione alla "conversazione pubblica" da parte del pubblico, nei mass media tradizionali, sia elevato solo in termini di selettività, di esposizione ed interpretazione, ma sia passivo in termini di partecipazione alla costruzione degli ambienti di comunicazione e del contenuto della comunicazione» (Mandelli 1996).

La novità della pubblicità supportata dai media interattivi, relativamente alla teoria della comunicazione, consiste nella possibilità di personalizzare l'esposizione degli utenti al testo pubblicitario e, nel caso di internet, di creare un reale canale di comunicazione diretto fra impresa e singolo utente. Infatti, in un certo senso, tutte le strategie di marketing possono essere considerate interattive.

Il marketing costitutivamente presuppone uno scambio di idee fra impresa e potenziale cliente. In questo ebook, tuttavia, per *marketing interattivo* si intende una strategia che sfrutta le possibilità interattive e multimediali dei supporti informatici, siano essi dischetti, cd-rom, chioschi interattivi, on line services o, soprattutto, il www.

A questo proposito, è opportuno distinguere due differenti significati di interattività: in primo luogo si intende la possibilità da parte dell'utente di interagire con il testo in base alla sua organizzazione ipertestuale, autodirigendo e personalizzando la propria esperienza all'interno del sito internet o del cd-rom (*machine interaction*). Ho volutamente utilizzato l'espressione "all'interno", in quanto un CME non deve semplicemente essere visto come un canale neutro che veicola informazione, ma come un vero e proprio ambiente con il quale gli individui interagiscono.

Non è un caso che tanto nel cd-rom, quanto nel sito web presi in considerazione, si faccia più volte riferimento alla metafora del "Mondo Audi" (peraltro comune a molti altri siti commerciali sul web), inteso come sistema organizzato in cui l'utente-navigatore "entra", seppure a livello virtuale.

In termini generali, poiché il medium è interattivo, gli utenti svolgono un ruolo maggiormente attivo rispetto a quelli dei media tradizionali. Mentre gli spettatori televisivi devono fare qualcosa di attivo per evitare la pubblicità (*zapping*) dato il suo alto tasso di intrusività, gli utenti internet e del cd-rom devono fare qualcosa di attivo per raggiungere l'informazione pubblicitaria desiderata (*information pull*), con un vero e proprio sovvertimento della relazione di potere nell'asse comunicativo che lega l'impresa al cliente.

In secondo luogo, per *interattività* si intende la possibilità di uno scambio comunicativo orizzontale con altre persone collegate all'interno di una rete; nella fattispecie, dunque, un dialogo diretto fra impresa Audi e visitatori del sito internet. Internet costituisce, infatti, una forma di ibridazione fra differenti modelli comunicativi precedentemente considerati inconciliabili e che mette in crisi le teorie e gli schemi tradizionali della comunicazione di massa, così come la altrettanto tradizionale distinzione fra comunicazione interpersonale e comunicazione di massa.

Come si può evincere dallo schema successivo, elaborato da Hoffmann e Novak (1995), la comunicazione in un sito Internet concilia, pur se con caratteri distintivi, l'efficacia e l'elevato feedback della comunicazione personale (e-mail e, in prospettiva, telefonia e videotelefonia realtime), con la possibilità di raggiungere molti individui contemporaneamente (pagine web, mailing list), tipica del sistema broadcast di massa, con un contenuto organizzato in forma ipertestuale.

Sottolineando la compresenza di entrambe le forme di interattività precedentemente descritte, Hoffmann e Novak (1995) descrivono Internet «as a dynamic distributed network, potentially global in scope, together with associated hardware and software for accessing the network, which allows consumers and firms to 1) provide and interactively access hypermedia content (i.e. "machine interaction"), and 2) communicate through the medium (i.e. "person interaction")» (Hoffmann, Novak 1995).

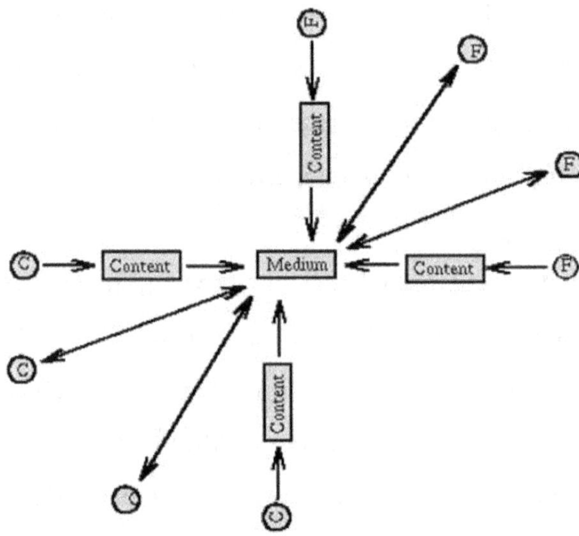

Figura 72. Schema comunicativo del web (da Hoffmann, Novak 1995)

Caratteristiche e vantaggi del marketing interattivo ipermediale

In termini generali, il tipo e il grado di vantaggio per un'impresa derivati dal suo utilizzo dei media interattivi dipendono, in primo luogo, dalla natura del prodotto in questione (*product fit*), cioè se esso si adatta al medium in termini di densità informativa e quanta capacità di coinvolgimento dell'acquirente e possibilità di essere acquistato in maniera più agevole ha. L'altro fattore cruciale è la composizione del *target* (*audience fit*), ovvero il grado di convergenza fra target dell'impresa e caratteristiche degli utenti internet. Sovrapponendo queste due dimensioni fondamentali è possibile ottenere una griglia in grado di specificare non solo quali categorie di prodotti possono trarre maggiore beneficio dall'uso dei media elettronici, ma anche quale tipo di vantaggio le aziende possano ottenere (benefici generali di immagine, possibilità di fornire informazioni, possibilità di acquisto on line, distribuzione on line).

Nello specifico, mi pare opportuno, a questo punto, sottolineare gli elementi che differenziano una pubblicità che utilizza media interattivi in ambiente ipermediale, rispetto ai media tradizionali nell'ambito del *media-mix*. Utilizzerò, a questo proposito, sei categorie analitiche principali: campo d'azione, selettività, feedback, capacità informativa, costi, misurabilità.

SEGRETO n. 46: l'efficacia dei vantaggi che derivano dall'utilizzo dei media interattivi dipende da due fattori: il *product fit* e l'*audience fit*. Il product fit è la capacità del prodotto di adattarsi al medium coinvolgendo l'acquirente e spingendolo all'acquisto. L'*audience fit* determina la

peculiarità dell'utente internet che interagisce con la mia campagna pubblicitaria.

Campo d'azione

Con questo termine intendo l'ampiezza dell'audience che può essere raggiunta. In internet l'audience è potenzialmente globale: grazie alle infrastrutture di computer multimediali collegati in rete, qualsiasi utente internet, in qualsiasi parte del mondo e in qualsiasi momento può ricevere, scambiare e selezionare informazioni presenti sul web. È evidente, tuttavia, che il bacino di utenti dei new media è ancora largamente inferiore rispetto a quello dei media tradizionali di massa, anche se particolarmente interessante per l'elevata predisposizione all'innovazione e per la presenza di molti opinion leader.

Per questo motivo l'utilizzo di supporti informatici per la comunicazione pubblicitaria deve, al momento, essere considerato come una componente complementare rispetto ai media tradizionali. Tuttavia, in prospettiva, è necessario tenere in dovuta considerazione le curve di crescita degli utenti on line e dei possessori di home computer multimediali dotati di collegamento internet, unitamente alla prevedibile progressiva crescita del livello di alfabetizzazione ai nuovi media. Inoltre, altri importanti fattori devono essere valutati dalle imprese nella gestione del media planning, quali la natura del prodotto e la composizione del target di riferimento. Imprese che si rivolgono a individui con reddito medio-alto, con un elevato livello di istruzione, prevalentemente di sesso maschile, professionisti o studenti, avranno la possibilità di trarre maggiori vantaggi da un'efficace presenza in rete o dall'utilizzo di supporti ipermediali in genere.

Selettività

I nuovi media interattivi possono essere senza dubbio considerati più selettivi rispetto a qualsiasi altro medium. Non solo, infatti, l'utente si espone volontariamente alla comunicazione pubblicitaria nei tempi voluti senza alcuna intrusività esterna, ma può personalizzare la propria esposizione in base a interessi ed esigenze specifiche.

Feedback

Senz'altro maggiore rispetto ai media tradizionali. Nei new media e in internet, in particolare, il feedback deriva sia dalla possibilità di interagire con l'ambiente ipermediale, sia dalla possibilità di comunicazione diretta con l'impresa attraverso la posta elettronica. In *The Futurist*, Michael Spalter (1995) parla di "disintermediazione", intendendo la possibilità fornita dai new media di sostituire almeno parzialmente la figura empirica del salesperson, ancora di fondamentale importanza nel mercato dell'auto e, con esso, la sensazione fastidiosa percepita da molti consumatori di essere oggetto di pressioni indebite, finalizzate alla definizione della decisione di acquisto.

Capacità informativa

Costituisce certamente uno dei valori aggiunti più importanti messi a disposizione dalle nuove tecnologie informatiche. La possibilità di stoccaggio di informazione in qualunque sua forma su un cd-rom o in un sito internet è virtualmente illimitata (anche se vincolata dai limiti fisici della bandwidth, che, comunque, va progressivamente allargandosi). Il costo per aggiungere informazione o per rinnovare quella già presente (*updating*) è irrisorio.

Questo è particolarmente importante per alcune categorie di prodotti (*alta densità informativa*). Oltre alla quantità dell'informazione, altra caratteristica fondamentale in un'ottica di marketing è la sua intrinseca natura multimediale: testo, grafica fissa, animazioni, video, suoni, oltre al software in grado di sfruttare le capacità computazionali dei microchip, convivono nel medesimo ambiente ipermediale.

Costi

Un accorto utilizzo del marketing interattivo può permettere a un'impresa di risparmiare risorse in molti modi; nel caso del cd-rom i costi di produzione, stampa e distribuzione sono sensibilmente più bassi rispetto a quelli di un catalogo cartaceo. Generalmente bassi per costruire un sito web, maggiori quelli per gestirlo e mantenerlo aggiornato. I costi maggiori sono quelli per i banner ads (si tratta di immagini rettangolari di piccole dimensioni, che vengono distribuite in diversi siti della rete per promuovere il proprio spazio web, con la possibilità di accedervi direttamente attraverso un collegamento ipertestuale; possono essere considerati come gli equivalenti elettronici di un manifesto pubblicitario).

Misurabilità

Nessuno può prevedere per quanto tempo e con quale frequenza lo sguardo di un lettore si poserà su un comunicato pubblicitario presente su un quotidiano o una rivista. Difficile sarà anche pronosticare il livello di percezione, attenzione e coinvolgimento rispetto all'esposizione a uno spot pubblicitario nel mare magnum dell'offerta televisiva. Per quanto riguarda internet, molteplici sono le informazioni che possono essere raccolte elettronicamente attraverso un controllo delle "mosse" e dei tempi di navigazione degli utenti all'interno del sito in questione.

Diversi sono i parametri in base ai quali è possibile misurare l'efficacia del sito: il numero di contatti (*hits*), la quantità di tempo speso nel sito, il numero di pagine visitate, la quantità di materiale richiesto dall'utente, il numero di ordinazioni.

Una prospettiva cognitiva: l'esperienza del flow

Hoffmann e Novak, ispirandosi a un filone di ricerca nato nell'ambito della psicologia cognitiva, ricorrono a un modello in grado di rendere conto dei fattori che intervengono durante la navigazione in un CME. L'esperienza del flow «formalizes and extends a sense of playfulness, incorporating the extent to which, in the hypermedia environment, consumers: 1) perceive a sense of control over their interactions in the environment, 2) focus their attention on the interaction, and 3) find it cognitively enjoying. [...] When in the flow state, irrelevant thoughts and perceptions are screened out and the consumer's attention is focused entirely on the interaction. Flow thus involves a merging of actions and awareness, with concentration so intense there is little attention left over to consider anything else. A consumer's action in the flow state is experienced as a unified flowing from one moment to the next, in which he is in control of his actions, and in which there is little distinction between self and environment, between stimulus and response, or between past, present, and future» (Hoffman, Novak 1995).

Quando l'Audi all'interno del sito web dà la possibilità ai suoi clienti attuali o potenziali di personalizzare la propria ricerca di informazioni, è facile supporre che nel consumatore si generi, probabilmente a livello inconscio, un senso di possesso e di stretta relazione con il prodotto, prima ancora che la decisione definitiva di acquisto si sia realizzata. Mi sembra importante descrivere sommariamente alcune caratteristiche del modello, per dimostrare come la struttura del sito Audi inscriva al suo interno entrambi i tipi di utenti (*goal-directed* e *experiential*) previsti da questo (per una analisi più completa e un'esauriente bibliografia sul flow si veda Hoffmann, Novak 1995).

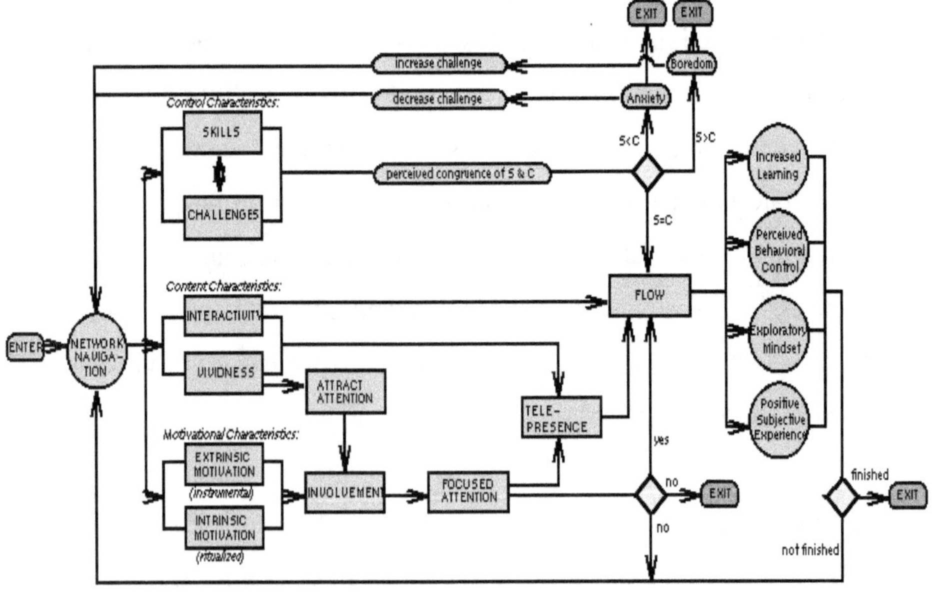

Figura 73. Descrizione schematica dell'esperienza di flow (da Hoffmann, Novak 1995)

Come è possibile vedere nella figura, vi sono due condizioni necessarie che rendono possibile l'esperienza del *flow*: a) la presenza di un focus di attenzione elevato; b) una congruenza fra capacità di azione (*skills*) e possibilità d'azione (*challenges*), in modo da evitare stati di noia o, al contrario, di ansia. Nella progettazione di un applicativo ipermediale questo significa, per esempio, costruire un'interfaccia amichevole, con strumenti di navigazione chiari e uniformi dal punto di vista grafico; o, ancora, prevedere diversi livelli di approfondimento e diverse lingue, in modo tale da non generare premature "fughe" dell'utente, sempre facendo riferimento a un'audience potenzialmente globale.

Lo schema sottolinea come la vivacità e il grado di interattività del contenuto contribuiscano ad attrarre l'attenzione; in questo senso giocano un ruolo importante fattori quali l'accuratezza e la risoluzione grafica, la coerenza metaforica dell'interfaccia, il numero e il grado di coinvolgimento dei diversi sensi, la facilità di navigazione, la velocità di *retrieving* (nel gergo informatico si intende la possibilità di scaricare informazioni dalla rete su memoria locale) nel caso del sito web.

Un'ulteriore determinante della situazione di flow è la telepresenza, ovvero «the mediated perception of an environment, where presence is the natural perception of the immediate physical environment» (Steuer 1992). Anche le motivazioni individuali, naturalmente, giocano un ruolo di fondamentale importanza in questo schema: per *motivazione intrinseca* (*intrinsic motivation*) ed *estrinseca* (*extrinsic motivation*) si intende il fatto di essere indotti alla navigazione in un CME rispettivamente da curiosità o pulsione individuali o, piuttosto, da un fine preciso e predeterminato.

	Goal-Directed Flow (searcher)	**Experiential Flow** (surfer)
orientation	Instrumental	ritualistic
involvement	Situational	enduring
motivation	Extrinsic	intrinsic
search	Directed	non-directed
benefits	Utilitarian	hedonic

Tabella 17. Distinzione fra utente goal-directed e experiential (da Hoffman,Novak 1995)

Nella tabella precedente, incrociando le differenti variabili identificate nello schema del flow, vengono rappresentate due differenti modalità di approccio all'esperienza del flow e, quindi, alla navigazione in un CME. Si tratta, evidentemente, di categorie analitiche, che, sul piano empirico, andranno a costituire gli estremi ideali di un continuum. A queste due opposte modalità vengono fatti corrispondere altrettanti tipi di utente, rispettivamente il *searcher* e il *surfer*.

L'utente *surfer* è caratterizzato in primo luogo da una motivazione intrinseca, piuttosto che da uno scopo specifico, è spesso guidato da curiosità e da un orientamento ritualistico nei confronti della navigazione ipermediale, volta alla ricerca di valore in termini edonistici più che strettamente utilitaristici; per questo tende ad abbandonare più facilmente la navigazione se non la trova immediatamente interessante, divertente e coinvolgente. Al contrario, l'utente *searcher* presenta solitamente un alto livello di coinvolgimento e si aspetta di trovare un'informazione precisa; il suo approccio nei confronti del CME è, quindi, strumentale e utilitaristico.

Naturalmente, il progettista del sito web deve tenere in considerazione queste due astratte categorie di utenti, in modo da armonizzare le loro differenti esigenze, anche in rapporto al tipo di prodotto in questione (*product fit*) e al target specifico (*audience fit*). Si vedrà come all'interno del sito Audi si sia cercato di coniugare le opposte esigenze dei *searcher* e dei *surfer*.

Tipologia dei siti aziendali sul web

Considerando quanto detto in precedenza relativamente alla natura del prodotto e alla tipologia di utenti scaturiti dal modello cognitivo del flow, è possibile delineare tre modelli che caratterizzano la comunicazione aziendale sui media elettronici:

- *informercial*, in cui prevalgono notizie utili che riguardano il prodotto. È particolarmente indicato per beni ad alto coinvolgimento e ad alta densità informativa, con dati che devono essere aggiornati frequentemente; l'utente tipo è il searcher, che ha una propensione utilitaristica nei confronti della consultazione e che presenta un'esigenza specifica e delineata a priori; i fattori di successo sono la presenza di informazioni dettagliate, utili, frequentemente aggiornate, personalizzabili e facilmente accessibili;

- *advertainment*, in cui il valore è dato dall'intrattenimento offerto all'utente, con informazioni anche non direttamente legate al prodotto. Si tratta di un tipo di sito ideale per prodotti di largo e frequente consumo e a basso coinvolgimento; in questo caso l'utente tipo è il *surfer*: quiz, competizioni, giochi, sono altri espedienti frequentemente utilizzati per creare valore aggiunto in termini di intrattenimento. In questo caso l'azione comunicativa del sito è orientata soprattutto in un'ottica di rinforzo della *brand image* e del *corporate image*;

- *purchase facilitation*, che è un modo di integrare ordinazione, pagamento e in alcuni casi distribuzione all'interno dello spazio pubblicitario, garantendo al cliente uno strumento veloce e affidabile per i propri acquisti o transazioni economiche. Il valore consiste nel facilitare la transazione economica (ordine, pagamento e, nel caso di prodotti digitalizzabili, anche la distribuzione); è particolarmente adatto per prodotti ad alto coinvolgimento, ma anche per beni a basso coinvolgimento, ma adeguati a una vendita e a una distribuzione *on line* (libri, cd). Gli utenti tipo sono *goal-directed*; i maggiori fattori di successo sono, in questo caso, la facilità d'acquisto anche attraverso sufficienti garanzie di sicurezza relative al pagamento, una maggiore possibilità di scelta, prezzi minori e velocità dello scambio. Per l'impresa si prospetta la possibilità di tagliare i costi relativi alla transazione e alla distribuzione.

Nel caso di internet, in particolare, vi sono molteplici obiettivi di cui il creatore o il gestore del sito web deve tenere conto: nella seguente tabella ho cercato di mettere in relazione tali obiettivi con i relativi fattori di successo.

OBIETTIVO	FATTORI DI SUCCESSO
Attrarre visitatori	• attrarre curiosità verso il sito in questione attraverso banner ads (a pagamento o in forma di sponsorizzazione) in altri siti web; • registrazione in motori di ricerca; • sfruttamento delle "pubblicità intelligenti"; • uso di strumenti intermediari (città virtuali, electronic mall); • campagne di supporto in altri media tradizionali; • sfruttamento del passaparola telematico.
Trattenerli nel sito	• utilizzare approcci di *informercial*, *advertainment*, *purchase facilitation* o una combinazione dei tre; • sfruttare possibilità ipermediali del mezzo; • personalizzare l'informazione.
Generare ritorni nel sito	• fornire un'impressione complessivamente positiva; • creare valore aggiunto; • provvedere a frequenti updating.

Tabella 18

Analisi del sito web

È difficile rappresentare il contenuto di un sito web, soprattutto nei termini analitici con cui può essere descritto uno spot pubblicitario di trenta secondi o un annuncio a colori su un settimanale. Proprio per questo rimando alla struttura del sito raggiungibile all'indirizzo www.audi-italia.com, data la sua complessità, la sua apertura verso l'esterno e il continuo updating dei suoi contenuti (Figura 74 e Figura 75). Nel caso del sito Audi (ma le stesse osservazioni valgono anche per i banner) le ottiche di informercial e di advertainment già descritte sembrano convivere adattandosi a diversi tipi di utenti.

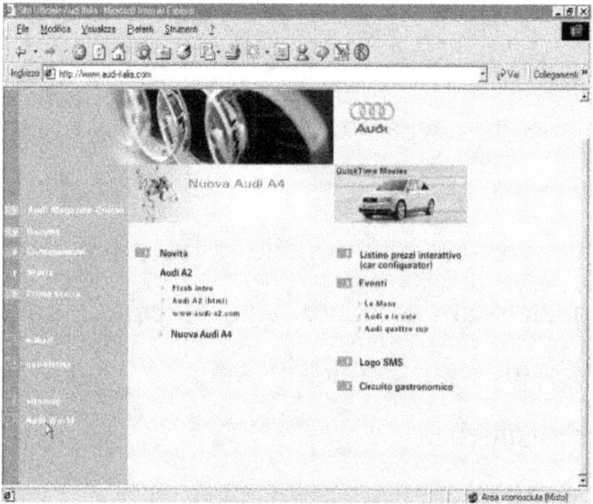

Figura 74

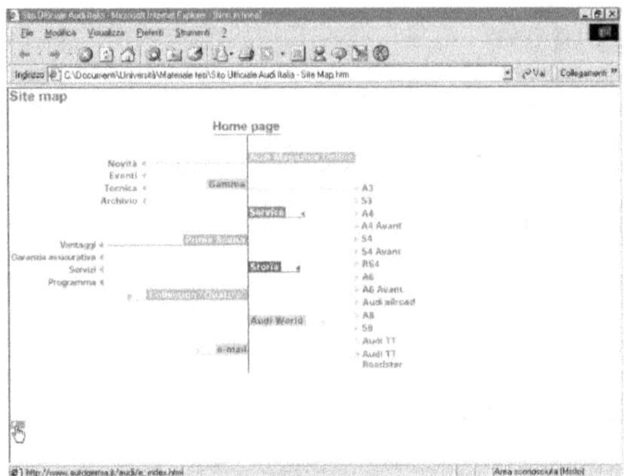

Figura 75

La configurazione "a imbuto" nella prospettiva di informercial

L'utente *searcher* ha a disposizione un database ordinato gerarchicamente con una rigorosa configurazione "a imbuto" (Giubertoni 1996: «Caratterizzano siti a netta modalità convergente, cui si accede da un punto di entrata fisso dal quale ci si allarga progressivamente nelle successive aree interne»), tramite il quale può accedere velocemente alle informazioni multimediali sui vari modelli Audi e sulle loro diverse caratteristiche tecniche.

Nel sito Audi, l'elevata bandwidth consente di sfruttare al massimo le possibilità multimediali del mezzo in un'ottica di personalizzazione della scelta del prodotto. L'utente può scegliere a suo piacimento il modello delle auto, farle ruotare per osservarle da differenti angolazioni, scegliere la cilindrata, aggiungere e togliere optional e apprezzare le varie caratteristiche tecniche. L'obiettivo è quello di costruire la propria vettura ideale con la possibilità finale di individuare il concessionario Audi più vicino, semplicemente inserendo la provincia di provenienza all'interno di un apposito form nella sezione "Concessionari". Il listino prezzi interattivo, costantemente aggiornato, consente all'utente di verificare le variazioni periodiche del tariffario, oltre alle ultime novità dell'offerta Audi.

La configurazione "a stella" per una prospettiva di advertisement

D'altra parte l'utente surfer, non necessariamente interessato a breve termite all'acquisto di un'automobile, ha a propria disposizione un vasto assortimento di materiale ipermediale, sia direttamente ricollegato al prodotto o, in generale, al marchio Audi, sia parzialmente o totalmente slegato da essi e dal loro universo di senso. Rientra in un'ottica di valorizzazione del marchio Audi un'intera sezione del sito ("Storia"), che prende in considerazione vari aspetti del suo glorioso passato, sottolineando la linea di continuità che lega lo stile e le prestazioni dei modelli più recenti con una cultura aziendale e un know-how accumulato in quasi un secolo di storia.

Con l'ausilio di filmati e di rassegne fotografiche, vengono presentati i modelli che hanno fatto la storia del marchio tedesco; alcune tappe salienti della "pionieristica preistoria aziendale", i successi nelle competizioni sportive, fino a un morphing sull'evoluzione del logo; il tutto corredato da una time-line, strumento sempre apprezzabile all'interno di un applicativo multimediale a carattere ipertestuale, in quanto consente di navigarlo in modo trasversale.

Sempre in un'ottica di valorizzazione del passato unita a una dimensione ludica della navigazione, vi è, inoltre, la possibilità di scorrere, quasi si trattasse di un album fotografico, vecchi manifesti pubblicitari della prima metà del secolo firmati da grandi artisti, di scaricare screensaver o immagini da sfondo per desktop, o di visionare materiale fotografico.

Si tratta di sezioni del sito in cui è estranea, quindi, la logica centripeta e gerarchica che caratterizza la parte dedicata alla gamma dei modelli. In questo caso l'intenzione comunicativa prevalente ha per oggetto il consolidamento della corporate image. Si vuole divertire e intrigare l'utente prima che questo si allontani a colpi di *click* dal sito in questione, proseguendo altrove il suo browsing telematico.

Tutti questi gadget rientrano nella logica di un modello di pubblicità che, proprio per la sua non intrusività e per il fatto di essere oggetto di un'esposizione volontaria, deve compensare il tempo e l'attenzione spesa dall'utente risultando piacevole e offrendo un'esperienza gratificante, non solo e non necessariamente legata alla decisione di acquisto.

Centrale è, infatti, il discorso di marca, definita da J.N. Kapferer come «la memoria storica del prodotto» (citato in Semprini, 1996), il patrimonio di investimenti materiali e immateriali in termini di identificazione, orientamento, garanzia, coerenza e legittimità che l'azienda tedesca ha maturato in quasi un secolo di tradizione automobilistica. È la marca che è in grado di «propagare la cultura dell'impresa e le qualità del prodotto fino alle case dei consumatori, ma anche di parlare il linguaggio della vita di tutti i giorni, di articolare un immaginario, di mobilizzare dei simboli, di parlare allo stesso tempo di ragione e di passione, di funzione e di estetica, di bisogno e di piacere» (Semprini 1996).

Nel caso del sito internet, in particolare, alla configurazione "a imbuto" tipica della sezione dedicata alle vetture, spesso si sostituisce una struttura "a stella", che si apre verso l'esterno del sito.

Una dialettica fra apertura e chiusura

Il sito Audi, quindi, come altri siti commerciali che hanno saputo adattare la struttura del sito aziendale a quella più generale della rete, intesa come sistema di collegamenti ipertestuali, è caratterizzato da una ricerca di equilibrio fra una logica centripeta, il cui obiettivo è la riconoscibilità e l'identità del prodotto-impresa, e la necessità di rendere permeabili e porosi i propri confini, anche a costo di perdere parzialmente il controllo delle "mosse possibili" dei visitatori telematici. Si tratta di uno scarto importante rispetto alla concezione classica della pubblicità fondata su una logica della separatezza e della chiusura, non solo in senso materiale (il singolo spot o l'annuncio su un settimanale), ma soprattutto in senso discorsivo.

La rete, in questo senso una sorta di concentrato di quello che potremmo chiamare l'*universo socioculturale della postmodernità*, è nata e si è sviluppata come discorso collettivo e come molteplicità degli stessi che si intrecciano secondo dinamiche non sempre prevedibili.

A questo proposito, seguendo alcune osservazioni di Giubertoni (1996) è possibile riformulare l'ormai classica distinzione di Mary Douglas fra esigenze di griglia e di gruppo. Nel primo caso il focus è sul network di collegamenti e l'apertura nei confronti del discorso collettivo della rete. In questo senso vanno letti non solo i vari link presenti nel sito Audi verso l'esterno del sito, ma anche la necessità, di converso, di rendersi visibili nel mare magnum di internet attraverso un uso adeguato di strumenti tecnici quali i banner ads, un'adeguata registrazione all'interno dei principali motori di ricerca, la segnalazione del sito nei messaggi pubblicitari tradizionali e un adeguato sfruttamento del passaparola telematico, in modo da entrare trasversalmente nei discorsi dei frequentatori della rete.

D'altra parte, un sito commerciale deve necessariamente puntare su un discorso di "gruppo", ovvero marcare positivamente la propria identità; non si può permettere di optare per una rappresentazione romantica della rete, in cui il massimo del piacere consiste nel dolce naufragare (leggi: browsing selvaggio) nell'infinito delle alternative possibili. Da questo punto di vista soluzioni tecniche fondamentali sono la coerenza grafica del sito, un adeguato sistema di navigazione (menù, sottomenù, tasti di ritorno all'home page o alla pagina precedente) e l'utilizzo di frame.

Il frame costituisce, peraltro, lo strumento emblematico della conciliazione fra le opposte esigenze di apertura e di chiusura del sito, chiaramente visibile nello spazio web Audi; infatti, permette di allontanarsi dal sito rimanendo, al contempo, al suo interno. Lo spazio web diventa finestra sul mondo, ma lo sguardo sul mondo (in rete) dell'utente è sempre filtrato dalla cornice del sito di partenza, al quale può, in qualsiasi momento, far ritorno.

Dialogo diretto fra impresa e cliente

Si tratta principalmente di una prerogativa di ogni sito web commerciale. Sono almeno quattro gli strumenti di dialogo evidenziati all'interno del sito Audi:

- *richiesta di maggiori informazioni*, attraverso un rapporto comunicativo di tipo *one-to-one*; infatti, riempiendo una serie di form, l'utente si mette i contatto direttamente con l'impresa e quest'ultima, a sua volta, può (nel rispetto delle vigenti norme sulla tutela della *privacy*) raccogliere preziose informazioni sul singolo utente all'interno di un database elettronico; fatto rilevante, quest'ultimo, in un'ottica di direct marketing;

- *mailing list*, strumento che, al contrario del precedente, si colloca in un rapporto comunicativo del tipo *one-to-many* (*few*), e sempre, comunque, nell'ambito di una personalizzazione del servizio di informazione. Su richiesta l'utente del sito Audi può ricevere periodicamente, attraverso email, la segnalazione di variazioni nella composizione dello spazio web (per esempio: nuovi modelli o nuove tariffe);

- *F.A.Q.*, che è l'acronimo per Frequently Asked Questions, ormai un classico per i cultori della rete; l'obiettivo è quello di fornire risposte a prevedibili domande su determinati argomenti relativi al sito in questione. L'utilità delle F.A.Q. consiste nell'alleggerire il lavoro di gestione del mail-server, invitando gli utenti, ove possibile, a trovare da soli la risposta ai loro quesiti, comunicando, nel contempo, un senso di comprensione e condivisione dei loro dubbi;

- *commenti e informazioni sul sito*, elemento che rientra nella *netiquette*, ovvero nella cultura "delle buone maniere" della rete: l'azienda si apre alle osservazioni e critiche da parte degli utenti che possono segnalare omissioni, errori o proposte innovative, permettendo di converso all'impresa di raccogliere preziose informazioni per ottimizzare il servizio e conoscere meglio i propri utenti.

SEGRETO n. 47: la prerogativa di un sito commerciale è il dialogo diretto tra impresa e cliente. Questo può avvenire attraverso:

- **la richiesta di maggiori informazioni attraverso form, blog, chat;**
- **iscrizione a mailing list;**
- **attraverso le F.A.Q.;**
- **commenti e informazioni derivanti dagli altri utenti che frequentano il sito.**

RIEPILOGO DEL GIORNO 7:

- SEGRETO n. 45: il nuovo concetto di marketing on line è centrato non più sul prodotto ma sull'individualità dell'utente, che ha una sua personalità unica, anche se comunque catalogabile a un determinato target o gruppo di riferimento.

- SEGRETO n. 46: l'efficacia dei vantaggi che derivano dall'utilizzo dei media interattivi dipende da due fattori: il *product fit* e l'*audience fit*. Il product fit è la capacità del prodotto di adattarsi al medium coinvolgendo l'acquirente e spingendolo all'acquisto. L'*audience fit* determina la peculiarità dell'utente internet che interagisce con la mia campagna pubblicitaria.

- SEGRETO n. 47: la prerogativa di un sito commerciale è il dialogo diretto tra impresa e cliente. Questo può avvenire attraverso:
  - o la richiesta di maggiori informazioni attraverso form, blog, chat;
  - o iscrizione a mailing list;
  - o attraverso le F.A.Q.;
  - o commenti e informazioni derivanti dagli altri utenti che frequentano il sito.

CONCLUSIONE

Nel corso di questo lavoro si è cercato di descrivere il fenomeno "pubblicità nel www", sottolineando in particolare come le caratteristiche specifiche del mezzo internet permettano l'affermarsi di forme di comunicazione pubblicitaria del tutto nuove. Il www è un mezzo di comunicazione che consente, dal punto di vista della pubblicità, gran parte delle opportunità rese disponibili dai mass media, e che ha, inoltre, l'opzione dell'interattività. Infatti, ogni utente può diventare fonte di informazione, essendo le barriere di entrata irrilevanti rispetto a quelle dei media tradizionali, ed è potenzialmente in contatto con ciascuno degli altri individui, che da ogni parte del mondo si collegano alla rete.

Il www, inoltre, non solo consente alle persone di comunicare tra loro (interattività *through the medium*), ma è in grado esso stesso di interagire con ciascun utente, secondo schemi predeterminati (interattività *with the medium*). Gli utenti internet sono perciò esposti a una fonte d'informazione, come avviene per la televisione, ma, a differenza dei telespettatori, essi sono in grado di determinare in modo personalizzato i contenuti e le forme della comunicazione, grazie agli ipertesti, alle applicazioni JAVA e ad altre soluzioni tecniche.

Questo ultimo aspetto, l'interattività *with the medium*, non può che avere una grossa influenza sulle modalità di realizzazione della comunicazione pubblicitaria nel www: anche lo strumento pubblicitario più elementare tra quelli disponibili in questo mezzo, il *banner*, oltre ad agire tramite l'*effetto esposizione*, come fanno i media tradizionali, consente un'opzione interattiva: il click-through, attraverso la quale l'utente può approfondire la conoscenza dell'impresa o del prodotto reclamizzati. Alcuni esperti di internet marketing definiscono a questo proposito il banner come «la pubblicità della pubblicità» (Harvey 1997): esso infatti è soprattutto uno strumento con cui l'inserzionista deve convincere gli utenti a visitare l'obiettivo pubblicitario, per instaurare così una relazione interattiva con ciascuno di essi.

L'obiettivo di questa ricerca è di analizzare e classificare, attraverso un approccio socio-semiotico, la moltitudine dei banner presenti in rete. Inoltre, dove è stato possibile, si è cercato di trovare la struttura narrativa di questa forma di comunicazione pubblicitaria, riferendoci allo schema attanziale di Greimas.

La strategia comunicativa dei banner rappresenta, dunque, una vera novità dal punto di vista espressivo. Pur non rinunciando al linguaggio pubblicitario di tipo tradizionale, basato sull'iperbole e su una funzione linguistica di tipo conativo, ha adottato immagini, animazioni, messaggi discreti e ricercati, che ha permesso di affermare questa nuova forma di comunicazione basata principalmente sull'informazione. Questo è stato possibile grazie a una concentrazione del piano della comunicazione sul registro iconico, a volte anche valorizzando la musica (audio banner), che diventa un elemento sinergico e non più di semplice sottofondo.

Proprio grazie a una struttura di questo tipo e al fatto che tutti gli elementi concorrono generalmente a costituire branding e click-through, è possibile ritrovare valori precisi associabili a determinate marche. Si tratta di elementi sociali tipici della società post-industriale:

- individualismo;

- competizione sociale;

- mito del successo;

- arrivismo;

- raffreddamento dei legami affettivi interindividuali;

- recupero della tradizione.

Sono proprio questi gli elementi sui quali insiste la strategia comunicativa attraverso i banner. Il linguaggio pubblicitario è poi, per la funzione che svolge, un linguaggio "efficace" quasi per definizione: i testi pubblicitari sono intenzionalmente costruiti per produrre conseguenze, che vanno dall'acquisto del prodotto al rinforzo di una brand loyalty, alla costruzione di una corporate image positiva, alla sensibilizzazione del pubblico verso temi delicati e socialmente scottanti (come droga e AIDS) e così via. In ogni caso, indipendentemente dal suo contenuto, la pubblicità si presenta come un discorso costruito per richiamare l'attenzione dello spettatore (navigatore) per stabilire un "contatto funzionale" del messaggio.

L'analisi ha poi mostrato come la pubblicità on line riguardi non tanto la presentazione di *cose*, ma piuttosto la rappresentazione di *modi di vivere* e di *stili esistenziali*: è solo all'interno di essi, infatti, che le *cose* acquistano significato e valore. La pubblicità, quindi, da un lato deve "agganciare" la realtà sociale alla quale si indirizza, per poter essere compresa e divenire "efficace": per questa ragione tende a fare grande affidamento su un repertorio d'immagini condivise e a sfruttare temi di largo interesse sociale.

Cosa rispecchia, allora, la pubblicità? La pubblicità non è uno specchio fedele della realtà sociale, sono in molti oramai ad affermalo: la pubblicità distorce, ingrandisce, seleziona, enfatizza. I segni (le immagini) non riflettono la realtà, tuttavia dicono qualcosa di essa. La pubblicità coglie alcuni aspetti della realtà sociale, ma non li rappresenta fedelmente: «Tale specchio distorce la forma degli oggetti che riflette, ma tuttavia fornisce una qualche immagine di ciò che è nel campo di visione. Lo specchio della pubblicità non solo deforma, ma anche seleziona. Alcune realtà sociali non appaiono per nulla» (Marchand 1986).

Uno degli angoli di visione che condiziona le rappresentazioni pubblicitarie è il codice delle normative e delle costrizioni "istituzionali" che regolano il sistema pubblicitario. Ad esempio, in Inghilterra non è permesso fare pubblicità agli alcolici, tuttavia, ciò non significa che la società inglese sia astemia. Un altro aspetto interessante da notare è che i pubblicitari sono indubbiamente parte di una comunità culturale: l'iter di formazione è di solito piuttosto omogeneo, le esperienze professionali del tutto analoghe, i punti di riferimento teorici, estetici e tecnologici sono gli stessi. Così, mentre si realizza una campagna, i pubblicitari finiscono di fatto con il comunicare fra loro, forse più di quanto facciano con i propri clienti e con il pubblico.

Dunque, se da un lato le rappresentazioni pubblicitarie sono spesso determinate da un insieme di convenzioni (stilistiche, estetiche ecc.) piuttosto che da una stretta osservazione della realtà contemporanea, d'altra parte è probabile che i pubblicitari cerchino l'approvazione dei colleghi e dei critici. Nonostante gli aspetti sopra menzionati, riconosce Marchand, la pubblicità cattura qualcosa della realtà che rappresenta. Marchand restringe l'ambito della rappresentazione alle ansietà, ai dilemmi, allo scontento della vita contemporanea (per il quale i pubblicitari forniscono dei consigli "terapeutici").

Schudson sottolinea la valenza politica del particolare tipo di ritratto pubblico che la pubblicità propone, definendolo come *realismo capitalista* per analogia con il *realismo socialista*: «Se l'estetica visiva del realismo socialista mira a rendere dignitosa la semplicità del lavoro umano a servizio dello Stato, l'estetica del realismo capitalista glorifica il piacere e la libertà di scelta di consumo in difesa delle virtù della vita privata e delle ambizioni materiali» (Schudson 1984). Dal momento che il realismo, come si è visto, è in gran parte questione di convenzioni, vale la pena tenere sempre presente che il mondo mostrato dalle pubblicità è un mondo mediato da un discorso.

Dunque, piuttosto che rispecchiare la realtà sociale, la pubblicità opera una messa in scena, attingendo da convenzioni discorsive, selezionando tra una gamma di possibilità disponibili come patrimonio culturale comune allo spettatore (navigatore/utente), relative sia alla forma che ai contenuti, ed elaborando una versione della realtà sociale che non è né vera né falsa, ma è sempre, in qualche modo significativa, "ancorata" a ciò che si rappresenta.

Che cosa significa esattamente dire che la pubblicità si riferisce alla realtà sociale anche se non la rispecchia? Soprattutto due cose. La prima è che la referenza non è un processo a senso unico: gli spot (e quindi anche i banner) rappresentano la realtà sociale, insieme la influenzano e ne sono influenzati (sia i produttori che gli spettatori condividono delle convenzioni comuni): mentre attingono da repertori condivisi di forme espressive e di contenuti tipici, i testi pubblicitari rinforzano alcune percezioni della realtà, selezionano e promuovono una gamma ristretta di schemi per darle senso, quindi per certi versi influenzano il modo in cui la realtà è percepita (processo che è stato definito *macro-agenda setting*).

Il secondo aspetto che si vuole sottolineare riguarda i termini effettivi della referenza: i testi pubblicitari si riferiscono alla realtà senza rispecchiarla. Il termine più appropriato per esprimere questa relazione tra testi e realtà è quello di "rappresentazione". *Rappresentazione* significa: *stare per, essere un segno di qualcosa o di qualcuno* (un *segno* che è diverso dalla *realtà* che viene rappresentata, e che tuttavia è legato ad essa e ad essa rimanda). Il senso letterale del termine potrebbe essere, dunque, parafrasato come *rivelare a qualcuno qualcosa che è già dato ma in una nuova prospettiva*. Ci sono tre aspetti fondamentali: una realtà a cui si riferisce, una nuova prospettiva che viene costruita, una finalità comunicativa. È parso, questo, un modo utile di interpretare la relazione tra testi pubblicitari e realtà sociale: i significati sociali espressi dal testo sono infatti legati a una prospettiva che inevitabilmente seleziona ed esclude mentre descrive.

A questo punto dobbiamo porci un quesito: è possibile identificare delle ideologie ricorrenti nelle campagne dei banner? Per rispondere a tale interrogativo, ci riferiremo alle quattro ideologie pubblicitarie individuate da Foch: *referenziale, obliqua, mitica, sostanziale,* i cui massimi esponenti sono rispettivamente Ogilvy, Michel, Séguéla, Feldman (per la trattazione approfondita delle caratteristiche di queste posizioni rinvio a Floch 1990).

La *pubblicità referenziale* di Ogilvy è un tipo di pubblicità che concepisce la verità come restituzione e adeguazione alla realtà. Gli spot e gli annunci devono essere realistici e il discorso, tramite opportune strategie discorsive (discorsi narrativi, non astratti), deve apparire come vero. Si devono fornire informazioni concrete, fatti. Le immagini negli annunci a mezzo stampa devono essere preferibilmente fotografie e non disegni, in quanto le prime rappresentano la realtà, i secondi la fantasia.

La *pubblicità obliqua* di Michel, che si pone come negazione della pubblicità referenziale, considera il senso da costruire, non come un qualcosa di già dato (*pubblicità del paradosso*). Il destinatario del messaggio pubblicitario è considerato come un soggetto di un fare interpretativo. Questo tipo di pubblicità infatti, contrariamente a quella referenziale che si pone come obiettivo l'immediata intelligibilità del messaggio, considera la mediatezza della propria comprensione come il mezzo per giungere a una coproduzione di senso con l'enunciatario.

La *pubblicità mitica* di Séguéla considera anch'essa il senso come un qualcosa da costruire e identifica nel «dare del carattere al consumo», «nel rivestire di sogno i prodotti» il compito del discorso pubblicitario.

Per Feldman, ideologo della *pubblicità sostanziale*, il prodotto non può essere solo un pretesto, come sembra essere nelle pubblicità mitiche di Séguéla. Bisogna che il discorso evidenzi l'essenziale del prodotto. L'effetto di senso che produce una pubblicità di questo tipo è «l'estraneità del mondo, la presenza dell'oggetto di fronte al soggetto enunciatario». L'immagine deve privilegiare primi piani, forme nitide e riprese frontali, e l'obiettivo è quello di produrre «un'emozione estetica».

Alla luce di queste considerazioni, i banner analizzati sembrano rispondere alle caratteristiche dell'ideologia referenziale, anche se è possibile riscontrare elementi appartenenti alle altre ideologie. A mio parere, non è possibile una loro netta distinzione, in quanto al loro interno sono quasi sempre presenti accanto a informazioni concrete e ad argomentazioni logiche, visual o slogan miranti a creare suggestioni oppure immagini metaforiche, che stimolano un fare cognitivo nel destinatario e richiedono un suo attivo lavoro d'interpretazione. Quest'esposizione non vuole essere esaustiva di fronte a un fenomeno così complesso e in continua evoluzione com'è la pubblicità on line, ma si limita a segnalare le linee di un percorso di ricerca in cui gli interventi semiotici sono fondamentali nelle operazioni di marketing.

Non resta che mettere in pratica ogni insegnamento presente in questo ebook, creare strategie e operazioni di marketing sempre più efficaci, in base alle caratteristiche dei prodotti e delle emozioni che questi suscitano negli utenti. È importante sottolineare che solo grazie a una giusta strategia, impegno e determinazione è possibile raggiungere i risultati che ci siamo prefissati.

BIBLIOGRAFIA

D.A. Aaker, J.G. Myers, *Management della pubblicità,* Milano, Franco Angeli Editore, 1991;

F. Berardi, *Cibernauti. Internet e il futuro della comunicazione,* Roma, Castelvecchi, 1995;

C. Bonnange, C. Thomas, *Don Giovanni o Pavlov,* Milano, Lupetti, 1988;

A. Bregani, *Misurare il banner,* in *Web Marketing Tools,* marzo 1999;
B. Brochand, J. Lendrevie, *Le regole del gioco,* Milano, Lupetti, 1986;

E.B. Bussi Parmiggiani, *L'arte bastarda,* Bologna, Patron, 1988;

V. Codeluppi, *La pubblicità,* Milano, Franco Angeli Editore, Milano, 1997;

A. Corno, *Advertising on line: un gioco da ragazzi?,* in *Web Marketing Tools,* aprile 1999;

U. Eco, *Lector in fabula,* Milano, Bompiani, 1979;

G. Fabris, *La pubblicità, teorie e prassi,* Milano, FrancoAngeli Editore, 1992;

G. Ferraro, *La pubblicità nell'era di Internet,* Roma, Meltemi,

1999;

L. Festinger, *A theory of cognitive dissonance*, New York, Harper and Row, 1971;

J.M. Floch, *Semiotica, marketing, comunicazione. Sotto i segni le strategie*, Milano, Franco Angeli Editore, 1990;

R. Grandi (a cura di), *Semiotica al marketing*, Milano, Angeli, 1994;

D.L. Hoffman, T.P. Novak, *Marketing in Hypermedia Computer-Mediated Environments:Conceptual Foundations* (Project 2000 Vanderbilt University, 1995 http://www2000.ogsm.vanderbilt.edu/);

A. Leroi-Gourhan, *Le radici del mondo. Dalla ricerca preistorica uno sguardo sulla totalità dell'uomo*, Milano, Jaka Book, 1986;

M. McLuhan, *Gli strumenti del comunicare*, Milano, Garzanti, 1986;

P. Magli, M.P. Patrizia Pozzato, *La grammatica generativa di Greimas*, in A. Greimas, *Del senso*, II, Milano, Bompiani, 1985;

A. Mandelli, *Internet marketing*, Milano, McGraw-Hill, 1998;

F. Marsciani, A. Zinna, *Elementi di semiotica generativa*, Bologna, Esculapio, 1991;

S. Musardo, *Web advertising: il banner come strumento di AD sul*

Web, www.miranet.it, maggio 2000);

C. Perelman *Trattato dell'Argomentazione. La Nuova Retorica*, 1958;

V. Propp, *Morfologia della fiaba*, Torino, Einaudi, 1966;

A. Semprini, *Il ruolo strategico della marca, Il giornale di marketing*, n. 4, 1991;

P. Watzlawick, J.H. Beavin, D.D. Jackson, *Pragmatica della comunicazione umana*, Roma, Astrolabio, 1971

P. Weil, *Il nuovo narciso*, Franco Angeli Editore, Milano,1990;

H. Wolfflin, *Concetti fondamentali di storia dell'arte*, Milano, Minuziano, 1946.